子どもを自立させる

管理しない子育て

鈴木久夫
HISAO SUZUKI

幻冬舎 MC

はじめに

近年、自分一人で志望校を決められない子どもの増加が問題となっています。「やりたいことがないから行きたい学校もない」「自分の希望は特にないので、親が勧める学校を受験すべきだと思っている」など、自分の意思がない・自分の言動に責任をもてない「自立できていない子ども」が増えているのです。それだけでなく、成人しても自分で就職先を決められない学生を社会問題として取り上げているニュースを見聞きすることも珍しくありません。

多くの親はわが子に対し、自分がやりたいことを自分で見つけ、自分から積極的に責任をもって行動することができる「自立した子ども」になってほしいと願うはずです。しかし、自身の描く理想像と目の前の子どもの現状にはギャップがあることが多く、そのギャップを埋めるためについ「○○しなさい」と言ってしまったり、先回りして手を貸したりしてしまいます。この「子どもの自立のために何かしてあげなければ」と思う親心が子どもの「管理」につながり、自分で考えて行動する機会を奪うことで子どもの自立を阻害してしまうのです。「私は子どもを管理してなどいないから関係ない」と思われるかもしれませんが、無意識のうちに管理してしまっている親は少なくありません。

・子どもの進路を心配して、ついつい「勉強しなさい」と言ってしまう
・子どもの成績が気になって、子どもには内緒で塾選びや学校選びをしている
・子どもが忘れ物をして叱られるのはかわいそうだと思い、学校の支度を手伝っている

一つでも当てはまるようなら、あなたは子どもに干渉し、管理している可能性があるのです。

とはいえ、子どもの管理をやめることは簡単ではありません。頭では分かっていても、ついつい口を出してしまったり、手を貸したりしてしまう親の気持ちは痛いほど分かります。では、どうすれば親は管理することをやめ、わが子の自立を促すことができるのでしょうか。

私は30年にわたって塾講師として4000人を超える保護者と接してきました。その経

験からいえるのは、子どもが自立している家庭では「親が『自分の人生』と『子どもの人生』とを切り離して考えている」ということです。これは親が子どもに無関心であるというわけではなく、わが子の考えを尊重して「子どもの人生は子どものものである」と捉えていることを意味します。そのうえで、子どもに全幅の信頼を寄せ、「管理しない子育て」を実践しているのです。

本書では、この「管理しない子育て」とはどんなものか、どうすればできるようになるのかについて解説していきます。親が子どもに干渉してしまうのはなぜなのかを明らかにしたうえで、「親の人生と子どもの人生を切り離す」ことについて、どのように考え、実践していけばよいのかを事例を交えてお伝えいたします。

この本を通して、一人でも多くの親が自身の人生を見つめ直し、「管理しない子育て」を実践することで、子育てを心から楽しめるようになってもらいたいです。そして、子どもを変えるのではなく、自分が変わるという強固な意志が得られれば、これに勝る喜びはありません。

子どもを自立させる　管理しない子育て　目次

［第5章］親も子も自立した対等な関係こそ親子の理想像

［第1章］

ついわが子に干渉してしまう子離れできない親たち

成功をつかむ子どもの親は何が違うのか

30年も塾の講師をしていると、さまざまな親子の姿を目にします。次に挙げる例は実際の話ではありませんが、いろいろなテーマが含まれているため、紹介します。

ある日、Aくんは高校を中退したいと言い出しました。母親が理由を聞くと、Aくんは「高校を辞めて音楽に専念し、ミュージシャンになりたい」と自分の想いを語りました。せっかく頑張って勉強して入った学校を辞めたいというからには、それだけ強い想いがあるのだろうと、Aくんの覚悟を両親は感じ取りました。

その一方で、人生の先輩としての立場から、高校を中退することで、この先の人生にどのようなデメリットが生じる可能性があるのかを十分に説明しました。Aくんは「ミュージシャンになりたい」という夢をもってはいたものの、日頃から親子の間で十分なコミュニケーションが取れていたので、両親の話にきちんと耳を傾け、思いや考えも理解しました。

すべてを承知したうえで、最終的にAくんは自分の意思を優先し、ミュージシャンの道を選ぶことに決めました。Ａくんの両親はその決断を受け入れ、心から応援することにしたのです。

しかし、音楽の道はＡくんが考えていたよりも険しいものでした。数年後、残念ながら夢破れたＡくんは帰郷することになりました。

親の忠告を振り切って進んだにもかかわらず、その道で挫折して戻ってきた息子に対してどう声を掛けるのか、多くの人の脳裏には次のような言葉が浮かんでいるのではないかと思います。

「ほら、私の言ったとおりでしょう。ちゃんと私の言うことを聞いていれば、こんなことにならなくて済んだのに……」

そもそもそれ以前に、高校を辞めるという子どもに「せめて高校は卒業しなさい」「大学に通いながらでも音楽はできるよ」など、なんとかして親の望むように軌道修正しようとしていたかもしれません。

しかし、Ａくんの両親が息子にかけた言葉は次のようなものでした。

「そうか、ダメだったのか。それでも今回の件は自分の人生は自分で選択できるということを深く学ぶ機会になったんじゃない？　もし大学に進学したいと思うなら、高等学校卒業認定試験を受けるという方法もあるし、自分の意思で選択できる機会はまだまだある。お父さんもお母さんも、あなたがしっかりと自分の意思をもって選択できるように、これからもバックアップするからね」

Ａくんはミュージシャンとしての道は途絶えましたが、その後も両親に応援されながら、自分の意志でやりたいことに挑戦し続け、大学を卒業し、弁護士の道を選び、幸せな人生を送ることとなりました。

この一連のエピソードの中で、Ａくんの両親がやっていたのは、次のようなことです。

・子どもの意見を否定せずに受け止める
・子どもを一人の大人として客観的に考え、子どもが選択をする際の材料を提供する
・子ども自身に選択させ、その選択を尊重する

・子どもの挑戦を心から応援する
・子どもが失敗しても「良い機会だった」と捉え、次の選択肢に目を向けさせる

このような対応ができる親は、子どもの長所を十分に把握し、それをベースに、「うちの子はどんな困難も乗り越えられる」という視点で子どもを捉えています。

そして「学生の間に何か失敗したとしても、それは人生を賭した失敗ではない」ということを心底理解していて、子どもが本当に困っているときには、じっくりと向き合います。そのため、子どもは何か失敗したとしても、そこから立ち上がり、また新たな挑戦を続けることができるのです。

人が心から打ち込めるものに心血を注いだときに発揮するパワーは、目を見張るものがあります。子どもの力を信じ、尊重し、必要なときには温かく寄り添える親のもとで育った子は、他の誰かの価値観に左右されることなく、自分の好きなことに目を輝かせて取り組み、自分の基準で心から幸せだと思える人生を歩んでいくことができます。

それに対して、夢破れたときに、親から「ほら、言ったでしょ」という反応をされた子

どもは、再び自分の力で挑戦することを諦めてしまいます。

親が望む学校に進学するため、親が選んで入会した塾に通い、先生に覚えておくように言われたことを覚え、指示された宿題を指示されたとおりにこなす……。そんな日々の中で、子どもは自分の頭で考えることをやめ、自分が本当に力を発揮できることからは遠ざかったまま、世間の価値観に従ってそこから逸脱することがないような道を選ぶ人間になってしまいます。

先ほどの例で、Aくんはミュージシャンの道には挫折してしまいましたが、留学先で日本との法文化の違いに興味をもち、弁護士になりたいという新たな夢を見つけました。一筋縄ではいかないことは分かっていましたが、高校を中退してしまった場合どうすれば弁護士になれるのか自ら調べ、勉学に励み、最終的には夢を叶えて見事弁護士となりました。

世間の価値観に合わせて自分を押し殺して生きていくのか、それとも自分の価値観に従って好きなことを追求し、幸せな人生を送るのかと考えれば、親としては子どもの幸せを願い、後者を選択できれば理想だと考える人が多いはずです。しかし、現実問題として「理想を言えば、自分の価値観に従って好きなことを追求してほしいけれど、Aくんの親のような対応は甘いのでは？」「子どもが好きなことを追求することを許して、将来食べていけるようになるの？」

という不安が湧き上がってくるのではないかと思います。なぜそのような不安が沸き上がってくるのか、その正体を明らかにしていく必要があります。

子どもの将来への不安に苛まれる親たち

先ほどのAくんのエピソードは極端な例ですが、私たちは日常の中で「だから言ったでしょ」という発言と同じような対応をよくしてしまいがちです。

例えば、テストが近いのに遊んでばかりいたり、勉強する様子が見られなかったりすると、ついつい言いたくなるのが「勉強しなさい！」の一言です。

「遊んでばかりいないで、早く勉強しなさい！」

「うるさいなぁ。今やろうと思ってたんだよ」

こんなやりとりは、多くの家庭で繰り広げられていると思います。そして、テストの結

果が思わしくなければ、

「だからちゃんと勉強しなさいって言ったでしょ！」

という言葉が飛び出します。

どうしてこのような不毛なやりとりに足を踏み入れてしまうのか。その背景には二つの要因があると私は考えています。

一つ目は「親のコントロール欲求の強さ」です。

厳しい言い方になりますが、自分自身の理想像を子どもに投影し、自分の満足感を満たすために子どもを利用しているのです。つまり子どもと自分自身を切り離して考えることができていない状態にあるということです。親自身が良い教育を受けてきて、それと同等のものを子どもにも受けさせたいという思いからかもしれません。

逆に、自分自身が望んでいた教育を受けられなかったので、子どもにはそういった環境を与えてあげたいと考えている場合もあります。塾を長年経営していると、親自身が受験で失敗した学校に子どもを入れようと、親が必死になっているケースを見ることもよくあります。

いずれの場合でも、子どもに自分の理想像を投影し、その理想像と子どもの現状にギャップを感じ、親がストレスを感じている点で共通しています。そして、その次に理想像に近づけようと、子どもをコントロールし始めるのです。親自身は「子どもの将来のために」と考えて行動しているつもりでも、それは自分自身の満足感を充足させようとする強い自我意識、いわゆるエゴに過ぎません。

二つ目は「先行不安」です。例えば、

ちゃんと勉強しないと、〝良い大学〟に合格できない

↓

〝良い大学〟に合格できないと、〝良い会社〟に入れない

↓

〝良い会社〟に入れなければ、将来路頭に迷うのではないか

というように、まだ起こってもいない未来の心配をしてしまうのが「先行不安」です。

「○○をしないと××になってしまう」など、物事を因果関係で捉える思考に凝り固まっていると、先行不安を感じやすくなります。

「未来」という軸を設定し、そこから引き算で今の状態を考えるというやり方が、最も先行不安を生み出しやすい思考パターンです。

原因論→決定論→先行不安の悪循環

物事を因果関係で捉える思考は二つのパターンに分けることができます。

一つ目は「原因論」です。これは、「授業のペースが速かったから、学ぶべき内容が理解できなかった」「部活に夢中で勉強に集中できなかったから、テストで良い成績が取れなかった」など、過去に原因を求める思考パターンです。

二つ目は「決定論」です。これは、実は学校の先生や、私たち塾講師が陥りがちな思考パターンです。学校や塾の面談の場で、模試の結果を見ながら「今回の成績からすると、この志望校への合格は難しいだろう」などといった指導がされることがありますが、このように現状から未来を決定づける考え方が「決定論」です。成績が良くなかった原因を絞り、問題の解決を図る方向での指導を続けていると、やがてこの決定論で未来を決めつけるようになります。

原因論と決定論という二つの思考パターンと先行不安が絡み合うと、次のようなことが起こります。

理想像を子どもに投影する

↓

理想と現実のギャップがなぜ生じているのか、「原因論」で過去に原因を求める

↓

現状を基に「決定論」で未来を決めつける

↓

まだ起きていない未来の予想から「先行不安」が生じる

親は、先生に模試の成績を見せられながら「この成績では第一志望への合格は難しい」

と言われれば、それが過去に受けた試験の結果に基づいたものであるにもかかわらず、まだ起こっていない未来への不安をかき立てられます。そして、自身が勝手に子どもに投影した理想像から引き算して、あれが足りないこれが足りないと考えるようになります。それは子どものためというよりは、自身の欠乏欲求を満たすために他なりません。

そうやって親が不安になればなるほど、子どもは自分が信頼されていないと感じ、親子の間に溝ができていきます。

こんな話をしておきながら、私自身もこの悪循環に陥ることが何度もありました。

ある日、幼稚園の年長になる息子が、「幼稚園に行きたくない」と言い出しました。幼稚園の運動会の日が迫っており、運動会では和太鼓を演奏するプログラムがあったので、「練習に参加できなければ、当日上手に演奏できなくてつらい思いをするのではないか」と考え、私はあの手この手で幼稚園に行かせようとしました。

幼稚園まで車で連れて行き、駐車場に車を停めてなんとか説得を試みたこともありました。それでも、息子は「行きたくない」の一点張りでした。しばらく粘ったものの、説得することができずに、駐車場から幼稚園に電話して欠席する旨を伝え、その日は子どもと一緒に自宅に戻りました。

幼稚園を休む日が続く中、運動会の日がやってきました。息子は休みがちだったのでほとんど練習ができていないはずです。どうなるのだろうとハラハラしながら見守っていると、予想に反して見事に演奏するではありませんか。

その姿を見たときに、自分が原因論と決定論の合わせ技で、「幼稚園を休みがちで練習できていなかったから、上手に演奏できるはずがない」という先行不安に捉われていたことに気づきました。そして上手に演奏できなかったら恥をかくのは紛れもない自分自身であり、自身のエゴによるものであると自覚するきっかけになりました。

後日、心に余裕をもって改めて息子と話をしてみると、息子は幼稚園の給食を食べるのがつらいと感じていることを教えてくれました。息子の通う幼稚園では食育に力を入れており、旬の食材を用いて、和食中心の献立が用意されています。親からしてみれば、その方針は良いことに思えるのですが、子どもの口には合わなかったようです。食べたくないものを残さず食べなければならないと思うことが大きなストレスとなり、幼稚園に行きたくないと訴えていたことが分かりました。

給食に対する思いを語る息子に対して、

「そうだよな。お父さんもそう思うよ」

と子どもに共感して、腹を割って話し合うと、息子は自分から幼稚園に行くようになりました。

多くの場合、原因論的な考え方で物事を見ると、必ず落とし穴があります。

「幼稚園に行かないと、運動会の練習ができなくて本番で困るよ」

と説得しようとした挙句に、

「幼稚園、行くの？　行かないの？」

という「イエス」か「ノー」で答える質問を親が鬼気迫る表情で突きつけたら、子どもは自分の本当の気持ちに蓋をして、「行く」と答えるしかありません。

そうではなく、

「どうして行きたくないの？」

というように、背景を明らかにする質問をすれば、子どもがその行動を取っている理由が明らかになります。

子どもの「できていない部分」ばかりが目につく「マイナス査定」

親がつくった理想像を子どもに投影し、そこから引き算をするように「マイナス査定」で子どもを見ていると、子どもの「できていない部分」にばかり目がいくようになってきます。

子育てを振り返ってみれば、子どもが乳幼児の頃には「できるようになったこと」を見つけるたびに喜びを感じ、大いに褒めていたはずです。

初めて寝返りをしたとき、ハイハイをし始めた日、小さな足で大地を踏みしめて立ち上がった瞬間、危なっかしいながらも力強く一歩を踏み出したあの日。それぞれの瞬間に感動し、時には涙しながら、わが子の成長を噛み締めてきたのではないでしょうか。その当時は子どものことを「プラス査定」で見ていたはずです。

それなのに、一般的には幼稚園入園から小学校入学あたりのタイミングから、他の子どもと比べて「○○ちゃんはできるのに、なぜうちの子はできないのか」と、「できていないこと」ばかりが目につくようになってきます。できることに目を向けていた「プラス査定」から、できないことに目を向ける「マイナス査定」に切り替わってしまうのです。

親が子どもの将来を心配して口煩《うるさ》く言えば言うほど、子どもは聞く耳をもたなくなり、親のイライラが増せば増すほどに、子どもは反発するようになります。そして、親子関係がギクシャクするばかりか、子どもは勉学への意欲も失っていくという状況に陥る場合すらあります。

なぜ、いつの間にか子どもの「できていないところ」ばかりが目につくようになってしまうのか。これは、周りと比較する機会が増えてくることによる影響が大きいと考えられます。

特に、習いごとを始めるタイミングで、他の子と比較して、わが子の足りない部分を気にし始める親が多いようです。

幼稚園の年中に進級する頃から、習いごとを始める子どもが増えます。例えば、スイミングを始めたとしましょう。小さな子どもは一人で通うことはできませんので、当然親が同行することになります。スイミングスクールによっては、レッスンの様子をガラス越しに見学できるところもあります。そうすると、周りの子とわが子との差は、嫌でも目に入ってきます。

スクールでは、習熟度によって「級」が設定されていることもあります。「級」という形で習熟度が可視化されると、さらに親の気持ちは煽られます。「同じ時期に始めたBくんはもう○級なのに、うちの子はまだ○級で足踏み状態だなんて……」と思っていたところに、「レッスンの回数を増やしてみませんか」とスクール側から提案されれば、親としては子どもの気持ちを考えず、ついつい増やしたくもなります。

これは、周りの情報に踊らされ、自分の欠乏欲求を満たそうとしている状態に他なりません。子どもの特性などお構いなしに、一般的な風潮に子どもを合わせようとしてしまうのです。しかしそれが本当に子どものためになるとはいえないと思います。

私の息子は4歳からスイミングに通っています。通い始めた頃、同じ時期に入った子や、後から入ってきた子がどんどん進級していくのに、息子は腕に浮き輪をつけて泳ぐ段階から、なかなか進むことができませんでした。スクールからはレッスンの回数を増やすことを提案されました。

でも、息子の様子をよく観察していると、泳ぐスピードはゆっくりでしたが、泳ぐときのフォームはとても美しいように感じられました。そこで息子に「泳ぎのスピードはゆっくりかもしれないけど、フォームがとってもきれいだよね」と伝えると、息子の中でモチベーションが上がったようで、家でも「バタ足はこうやって足を伸ばすといいんだよ」と蒲団の上で実演しながら、子どもなりにあれこれと研究するようになりました。そうやって泳ぐこと自体が楽しみになれば、今まで嫌々通っていたレッスンも精いっぱい頑張るようになります。

最初の級を卒業するまでに1年半かかりましたが、その後はスイスイと進級を重ね、今では泳ぐことを心から楽しんでいるようです。

幼稚園から小学生にかけての時期の習いごとは、技術を習得するタイプの習いごとがほとんどです。今の親世代が子どもだった頃は、スイミングやピアノ、習字やそろばんなどを習うことが多かったと思いますが、今はプログラミングや英会話などの習いごとが人気を集めています。

周りの子がプログラミングを習い始めたからとか、みんな英会話を習っているからなどという理由から焦りを感じ、「うちの子にもやらせておかないと、周りから遅れてしまうのではないか」と安易に飛びつくのは得策ではありません。

解剖学者の養老孟司さんは、小学生の時期は何かをやらせて習得させることに汲々とするのではなく、インプットの質を上げる時期だと説いています。インプットの主なインターフェイス（窓口）となる「五感」を磨く時期と捉えているのです。

幅広く多くのものを直接見たり、聞いたり、触れたりすることによって、それがアウトプットに良い影響を与えます。そして、さまざまなことを積極的に学んで血肉にしていくための土台ができるのです。逆に、計算や漢字の読み書きなど、偏ったインプットばかりにこだわるとそのバランスが崩れてしまい、一面的なものの見方しかできなくなってしまうそうです。習いごとを考える際には、インプットとアウトプットのバランスがいかに重要なのかということを認識したうえで検討することが大切です。

実際に、塾講師としての指導経験に照らし合わせてみても、五感のバランスが取れている生徒は感受性がよく、伸びる傾向があります。

子離れできている親子の割合はどれくらい？

子どもが自立するには、親が子離れをする必要があります。

塾で多くの親子の様子を見てきましたが、子離れできていると感じられる親は小学生で1割、中学生で3割、高校生で6割といった感触です。

高校受験が迫ってきた中3の夏、取り乱して電話をかけてきた母親がいました。

この家庭は二人姉弟で、姉は公立のトップ校へ合格し、その後大学受験も第一志望に合格していました。弟のBくんは、小学生から塾に通っていて、当時から知的好奇心の強い子でした。私の経営する塾では、小学生の段階では考えることを重視しているので、とても楽しそうに通っていました。

ところが、中学に進学すると学校では定期テストもありますし、塾での学習も「知識を身につける機会」が増えてきます。

彼は、知識を身につけていくことを「面倒くさい」と感じたようです。それが起点となって、どんどん深みにはまっていきました。

面倒だからやらない
←
やらないと叱られる
←
叱られるのが怖い
←
恐怖心から塾や学校を休みがちになる

こうして、塾からもどんどん足が遠退いて行きました。

しかも、Bくんの場合は、第一志望の大学に合格を果たしたお姉さんの成功事例が身近にありました。お姉さんも弟を助けてあげたいという優しさから、あれこれとアドバイスをしようとします。まるで家の中に母親が二人いるような状況になり、Bくんは追い詰められてしまったのかもしれません。また、合格か不合格かという、結果がはっきり決まる受験に対しての恐怖心も大きかったようです。最終的には、塾のオンライン授業に参加することすら嫌がるようになってしまいました。そして、困り果てた母親が電話をかけてきたというわけです。

その電話口には、母親の隣にBくんがいる気配がありました。こちらからの問いかけに対して、「お母さんが代わりに言って」「お母さんが代わりに頼んで」と言っている様子がうかがえました。

これは、決して珍しいケースではありません。

親にとって、子どもはかわいいものです。自分のおなかの中で育み、大変な思いをして出産し、大切に守り育ててきたのですから当然です。そのため、子どもに頼まれると、ついつい力を貸してしまい、子離れもできなければ親離れもできないという状態に陥ってしまいがちです。

ただ、このケースでは母親が、中1の頃から子どもが抱いているやるせない気持ちと受験への焦りを察していたために、最終的には冷静な対応ができるようになりました。

このように、「受験」によって今まで見て見ぬふりをしてきたようなことが表面化してきて、解決せざるを得ない事態になることがあります。受験が子離れ・親離れのきっかけになることもあるのです。

［第2章］

子離れするために――
親の人生と子どもの人生を切り離す

子離れできない親は子どもを「管理」している

この本では「管理しない子育て」を説明していきますが、子離れできない親はそれと真逆の「管理する子育て」をしていることがほとんどです。

「管理」といっても、人によって思い浮かべる内容はそれぞれだと思います。そのため、まずは「子どもを管理する」というのがどういうことかを明らかにしていきます。

左記の質問は、あなたが「子どもを管理する」ことについて、どのような状態にあるのかを明確にするためのものです。それぞれの質問に「はい」か「いいえ」のどちらかで回答してください。A～Dの中で、「はい」の数がいちばん多かったものが、あなたの今の状態です。質問の後に掲載している「大人の状態識別グラフ」を見て、自分がどんな状態にあるのかを確認してください。

【質問】

A

①子どもに対してどういう生き方をしてほしいという明確なビジョンがある。

②子どものことは信用しているが、子どもが失敗しないようについ先回りしてしまう。

③子どもの学習状況が常に気になり、積極的に情報集めをしている。

④子どもの失敗をポジティブに捉えることができる。基本的にできていないものより、できているものを評価するようにしている。

⑤親が掲げる目標を達成できる能力があると信じ、子どもに常に期待している。

B

①ベストな学習環境を用意することと、子どもが努力するかどうかは別の問題だと割り切っている。

②子どもを信頼して、勉強面や生活面は基本的に本人に任せている。あえてアドバイスをするとしたら、目の前の点数ではなく、その結果に至ったプロセスについてしている。

③子どもがいずれ自分で目標を設定して、それに対して継続的に努力できると信じている。
④子どもの勉強のことが気にならないくらいの趣味をもっている。
⑤子どもの失敗をポジティブに捉え、受験の失敗もその後の人生にプラスになると思える。

C

①自分のことで精一杯で子どもに対して関心があまりない。
②子どもが努力してもできないものはできないと思っている。
③子どもの人生は子どもの人生と割り切っている。
④子どものあらゆる行動をネガティブに捉える癖がある。
⑤そもそも子どもにあまり期待していない（褒めることよりも叱ることのほうが多く、正直言って叱り疲れたので最近は叱ることすらしなくなった）。

D

①子どもに対して、将来就いてほしい職業が明確にある。

［図表１］　**大人の状態識別グラフ**

横軸：親の干渉
縦軸：子どもに対する信頼度

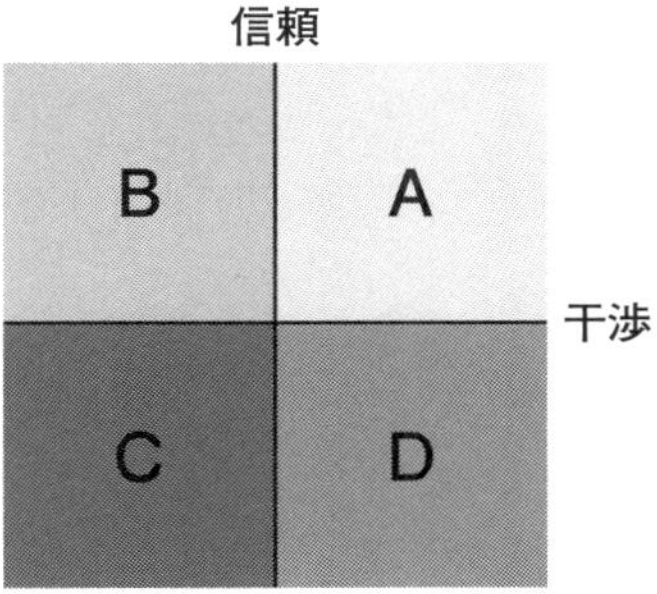

Ａ：今後課題の分離がうまくいく可能性が高い
Ｂ：課題の分離ができている理想的な状態
Ｃ：子ども自体に関心がない（子どもに対して諦めている）状態
Ｄ：最も多いと予想される状態であり、課題の分離はなかなかうまくいかない

②親の理想と子どもの現実のギャップにストレスを感じることが多々ある。

③基本的に子どもは親が介入しないと何もできないと思っている。

④子どもの勉強に対する姿勢に常に不満をもっている。特にケアレスミスなどには過剰にイライラしてしまう。

⑤子どもを心配して先回りをすることがよくある。例えば子どもに内緒で塾選びや学校選び、参考書（本も含む）選びをしたことがある。

子離れをスムーズに進めるためには

前述の質問でＢの状態の人は、おそらく理想的な形で親離れ・子離れが進むと考えられます。それに対し、ＡやＤの人は、今のままだと苦労することが予想されます。

「子どもが親離れする」ということを考えたとき、主に次の3つのパターンに分けられます。

・子どもが自立せざるを得ない出来事が起こり、子どもが自立する
・親が子どものことを信頼する姿勢を取っていた結果、子どもが自立していく
・親が過干渉であることに危機感を覚え、子どもが自立していく

一つ目の「子どもが自立せざるを得ない出来事が起こり、子どもが自立する」というのは、例えば親が病気やけがで入院するなどといったハプニングが起こり、親に頼ることができなくなって、自分のことは自分でせざるを得ないという状況におかれた場合です。

私自身が親離れしたときは、まさにこのパターンでした。中学2年生のときに母親が入院し、身の回りのことはすべて自分でしなければならなくなりました。それと同時に、母親のほうも子離れができたようです。その後、母は退院し、私は大学進学と同時に家を出

て下宿しましたが、その際、私のやることに一切口出しはしませんでした。そればかりか、一度も私の下宿先に来たことはありません。このように、私の場合は親の入院がきっかけで、親子ともに「親離れ・子離れ」ができたといえます。

二つ目の「親が子どものことを信頼する姿勢を取っていた結果、子どもが自立していく」パターンは、まさにこの本を通じて論じていく親子の理想的なあり方です。子どものことを無条件に信頼し、子どもの人生の選択は子どもに委ねるようにしていた結果、子どもは自然に自立していくことになります。

三つ目の「親が過干渉であることに危機感を覚え、子どもが自立していく」というのは、ヘリコプター・ペアレンツと呼ばれるような親、昔でいうと「教育ママ」と呼ばれていたような親のもとで育った子どもに見られるパターンです。親が先回りして子どもに干渉するために、「このままでは何もできない大人になってしまう」という危機感を子どものほうが抱いて、自分から距離を取るようにして自立していく例です。このパターンは、大学進学などのタイミングで物理的な距離ができたことにより自立に至るケースも多くあります。

どのタイプであっても、親離れ・子離れがスムーズにいけばよいのですが、私の実感では7割くらいのお母さんの口からは、「子離れしたいけれどなかなかできない」という本音が漏れ聞こえてきます。

その理由を生物学的な観点から考えると、もともと子どもは母親の体の一部分であったということがあります。それに加え、母親は、出産してからも子どもと長い時間をともに過ごし、喜怒哀楽を共有しているケースが多いため、突然子どもを一人の人間として捉えて子離れをするというのは、そもそも難しいのです。

さらに、子どもは親自身の癒しの対象でもあります。どんなに疲れて帰っても、子どもの笑顔を見た途端に、疲れなど吹き飛んでしまったという経験をもっている人も少なくありません。憎まれ口を叩かれても、わが子はかわいくて仕方ないものです。

これらは本能のレベルでインプットされているので、子どもの自立を促すために子離れしなければと理性的に解決しようとしたところで、「頭では分かっているけど、なかなか実行できない」という状況を生み出します。

解決策としては、次の二つが考えられます。

一つ目は、子どもと物理的に距離をおく（＝離れる）ということです。大学進学などのきっかけで、物理的に距離ができるタイミングは、親離れ・子離れのチャンスでもあります。新生活を始める子どものことが気になって仕方ない気持ちはよく分かりますが、子どもの人生は子どもの人生であるということを思い出して、必要以上に口を挟んだり手を貸したくなったりするのはぐっとこらえるべきです。

二つ目は精神的に距離をおく（＝親自身の人生を充実させる方法を見つけ出す）ということです。子育てが生きがいのようになっていて、ついつい子どものことばかり考えてしまうという人は、子育て以外に自分が熱中できるものを探すようにして、子どもから精神的に距離をおいてみるのもよいと思います。

塾講師としてたくさんの親子関係を見てきて、子離れをスムーズにしていくには、この二つしかないのではないかと私は考えています。

子どもが自立している家庭の特徴とは

それでは、子どもが自立している家庭の共通点とはどのようなものでしょうか。

それは、なんといっても「子どもを無条件で信頼している」ということに尽きます。

「信頼」と似ている言葉に「信用」があります。「信用」というのは、「○○してくれたから、あなたのことを信じる」というように条件付けをしています。それに対して「信頼」というのは、「あなたのことを無条件に信じますよ」ということです。

たとえ今の状態が良くなかったとしても、「この子だったら絶対にこの困難を乗り越えてうまくやってくれるはず」というポジティブな捉え方をしています。冒頭で紹介したミュージシャンを目指して高校を辞めたAくんの親も、まさにこの姿勢です。

それに加えて、もう一つ重要なのは、子離れのポイントでも話した、親自身が子育て以外の楽しみや生きがいをもっているということです。

それは特別なものである必要はありません。読書をするのが大好きだとか、旅行が趣味であるといった具合に、いかに自分自身の人生を充実させるかを第一に考えている家庭の子どもは、間違いなく生き生きとしています。最も身近な大人である親が子育てに必死になって、眉間にしわが寄っていたり、目くじらを立てて子どもと接したりしていると、子どもは親の空気を敏感に感じ取り、萎縮します。思い当たる節があれば、子どもを叱ったり、子どもに注意したりしているときの自分の顔を鏡に映してみてください。おそらく我に返ると思います。

子どもに絶大な信頼を寄せ、親が自分の人生を謳歌している姿を見せることが、子どもに最も良い影響を与えるのです。

子離れに最適な時期はいつ?

子離れに至るルートは複数のパターンがありますが、いずれのルートをたどるにしろ、本来、親はいつから「子離れ」を考えるべきなのか。この問題を考えるうえで、ピーター・ブロスの思春期の捉え方が役に立つので、ここで紹介しておきます。

ピーター・ブロスは精神分析学者で、思春期を、「前思春期」、「思春期前期」、「思春期中期」、「思春期後期」、「後思春期」の5つに分けて考えました。

◎前思春期（pre adolescence 10〜12歳）

児童期と思春期の移行期です。

日本では小学校高学年頃に当たり、子どもたちの身体が急速に成長していきます。それに伴って、心身の平衡が乱れ、精神的に不安定になりやすい、いわゆるギャングエイジです。男の子は集団になり、汚い言葉を使いたがる傾向があります。女の子は活発になります。男女ともに、母親への依存と自立との葛藤が特徴です。

◎思春期前期（early adolescence 12～15歳）

第二次性徴に伴って、思春期が始まります。思春期前期はちょうど中学1～3年生に相当します。

中学生くらいになると、親よりも友人と遊ぶことを優先し始めるものですが、友人関係、特に同性の友人関係が前思春期以上に意味をもつようになります。

この段階で、子どもは親と距離を取り始めます。特に母親から距離を取るようになっていきます。

◎思春期中期（middle adolescence 15～18歳）

高校1～3年生の時期に相当します。

身体的成熟に伴い、性衝動は異性へと向かいます。異性への関心が高まり、恋愛感情が芽生えます。

「自分は何者か?」という問いに向き合う時期で、自己に対して関心が増します。また、自己愛が増大していき、自己の過大評価や尊大さ、両親への反発などが見られるようになります。両親への愛着と依存が弱まって、精神的に離脱していきます。

芸術的創造活動、音楽活動、その他さまざまなグループ活動などに身を投じることがよく見られます。

◎思春期後期（late adolescence 18～20歳）

一般的には大学1～2年生の時期に相当します。

この時期に、「自分は何者か?」という問いに対する一応の答えが形成されます。この時期にできあがった自我同一性（アイデンティティ）を基に自分の方向性を決め、異性との交際も安定した関係を保てるようになります。

◎後思春期（post adolescence 20〜30歳）

一般的には大学3年生から若手社会人に当たる時期で、青年期から成人期への移行期です。この時期に、両親からの精神的離脱、自我理想の確立、性的同一性の確立などの発達課題を達成することになります。精神構造の強化、パーソナリティの調和と統合がこの時期の課題となります。職業選択決定や恋愛、結婚など社会的な役割選択がなされるようになります。

ある私立中学の校長先生は、入学式に出席している保護者に向かって「みなさん、子育てお疲れさまでした。子育ては今日で終わりです」という旨のあいさつをしたそうです。中学受験では、親と子が二人三脚で合格を目指して頑張る家庭も多いはずです。校長先生の言葉には、中学入学をもって親子の二人三脚は終わりにし、これからは子どもの自立を促し、学校を信頼して任せてくださいという意図があったのではないかと思います。

ピーター・ブロスの区分によれば、中学生は思春期前期に当たります。大半の子どもは、親よりも友人と遊ぶことを優先し始める時期でもあり、その発達に沿って、親のほうからも子離れしていくことができれば、自立はスムーズに進むはずです。

そのためには、中学入学以前の前思春期の段階から、徐々に準備を進めていく必要があります。

子どもと精神的に距離を取るためのステップ①
子どもを信頼するためにはどうすればよいかを考える

先ほども触れましたが、子離れしたいのになかなかできない場合の解決策としては、物理的に距離を取ることと、精神的に距離を取ることの二つがあります。

物理的な距離は、大学進学などのタイミングを利用すれば比較的取りやすいです。それに対して、精神的な距離を取るためには3つのステップがあります。

一つ目は、子どもを「信用」するのではなく「信頼」するためにはどうすればよいかを主体的に考えることです。

子どもを信頼するための具体的な行動としては、今までの子育てを振り返り、良かった部分（長所）にスポットを当てて書き出してみるという方法があります。困難に直面したとき、子どもの長所がどのように活かされたのかを思い出していくのです。

その際、過去の記憶は事実と反する場合もありますが、時には事実がなんだったのかということよりも、記憶の中にある過去の思い出をポジティブに解釈することも必要です。その振り返りを踏まえて「どんな困難があったとしてもこの子は大丈夫」と自分自身に言い聞かせます。その中で、親は子どものことを徐々に心から「信頼」できるようになります。


その際、アメリカの発達心理学者であるエリク・H・エリクソンの「人生周期説（ライフサイクル）」が参考になりますので紹介します。

発達心理学では、幼少期に親が作り出す空気が肯定的なのか、否定的なのかが、子どもの性格や心理的成長に大きく関わっているという学説があります。その一つが、エリクソンが唱えた人生周期説（ライフサイクル）です。エリクソンは人生を8つのステージに分けました。そして、それぞれの時期にどのようなことがあると劣等感をもつようになるのか、不信感が残るのかなどを、ステージごとに述べています。

エリクソンによると、各ステージにはそれぞれの発達課題があり、それを解決することができれば、次のステージに進む「強さ」を獲得できるとされています。

各ステージは、年齢によって、乳児期・幼児前期・幼児後期・児童期・青年期・初期成年期・成年期・成熟期に区切られています。そして、それぞれのステージには、「基本的信頼VS基本的不信」というように、対になる二つの項目が記されています。これらを心理社会的危機と定義しています。

乳児期についていうと、発達課題は「基本的信頼感」の獲得です。親からの十分な愛情を受ければ「基本的信頼」が育ち、受けられなければ「基本的不信」が生じるのです。そして、心理社会的危機を「基本的信頼」で解決した場合、「希望」という人格的な強さを身につけます。

このエリクソンのライフサイクルの考え方は、子どもの成長を振り返るときの指針になるだけでなく、親自身の人生を考える際にも役に立ちます。

◎ステージ1　乳児期（0歳〜1歳半）　基本的信頼VS基本的不信

授乳をはじめとする母親との非常に細やかで複雑に入り組んだ相互関係の中で成長していくのが乳児期です。養育者への信頼と、自己への信頼を同時に確立していきます。

このステージでは「生きていく実感や希望」を獲得します。

愛情をたっぷり注がれて安心できる環境に育つことができれば、世界に対する「基本的信頼」が育ちます。それは自分自身や人を信じる気持ちにつながります。

逆に、見捨てられた、引き離された、剥奪されたと感じる場面があると、「基本的不信」が生まれます。

◎ステージ2　幼児前期（1歳半〜3歳）　自律性VS恥・疑惑

幼児前期は、保育園に通っている場合もあれば、幼稚園への入園が迫ってくるという場合もあります。ちょうどこの頃、トイレトレーニングに苦労したのを懐かしく思い出すお母さんも多いと思います。

この時期には排泄にまつわる筋肉のコントロールが重要であるとされています。なぜなら、排泄トレーニングによって自分の生活をコントロールすることを学び、自律性が育まれていくからです。心理学者のフロイトの発達心理学では、「肛門期」と定義されています。

卒乳している子どもも多く、また、自分の足で立ち、歩き、自分の意思で移動できるようになる時期でもあります。そうやって、乳児期にはいちばん近い存在だった母親から身体的にも精神的にも離れていきます。

この時期に適切なしつけが行われると、「永続する自律と誇り」を獲得します。

◎ステージ3　幼児後期（3歳～6歳）　積極性VS罪悪感

幼児後期になると、子どもはさまざまな行動を通して未知の世界に積極的に足を踏み入れます。自分の能力や「何かをしたい」という意思を、ゲームや○○ごっこ遊び、お手伝いなどに結びつけ、目的意識をもった活動を積極的に行います。それに伴い、罰せられるかもしれないという罪の意識が基になって良心が確立され、個人の道徳の基礎になります。

この時期に、親や周囲の大人が「きちんとしつけをしなければ」と考えて、子どもがやろうとすることに「ダメ」と言い続けると、子どもの中には悲しく惨めな感情が湧きます。

さらに、悪いことをしたのを見つかったときに、「恥ずかしい」と感じるだけでなく、それ以前に「悪いことをしているのを見つけられはしないか」と恐れるようになります。やがて、誰も見ていないような自分の行いや、内面に抱いている想いについてさえ、反射的に罪悪感をもつようになります。

このステージでは「目的の意識」を獲得します。

◎ステージ4　児童期（6歳〜13歳）　勤勉性VS劣等感

物事を作ることができ、しかも上手に作ることができるという感覚をもたせられれば、勤勉性が身につくようになります。目的を達成するまでコツコツと努力することを通して、子どもは仕事を完成させる喜びを味わうことができます。

この時期は、学校やそれに代わる場所、教師や指導者たちとの関わりが重要です。

一方で、「自分は何の役にも立たない」という感情を抱いたり、学校生活を通して学ぶ喜びを得られなかったり、得意なことがあるというプライドを手に入れることができなかったりすると、劣等感を抱くことになります。

この時期の親や周りの大人の接し方次第で、子どもに勤勉性が身につくのか、劣等感をもつようになるのかが決まります。

このステージでは「有能」の感覚を獲得します。

◎ステージ5　青年期（13歳～22歳）　同一性VS同一性拡散

いわゆる思春期に当たります。親にとって、最も接し方が難しい時期だといえるかもしれません。ステージの前半でうまくいっていたことが、ことごとくうまくいかなくなる時期です。それを「反抗期」という言葉で片づけてしまいがちな時期でもあります。

親の支配欲求は、子どもに見透かされるどころか、嫌厭されるようになります。

このステージの心理社会的危機は「自我同一性（アイデンティティ）」と「同一性拡散」の対立です。

同一性というのは「私が誰であるのか」という一貫した感覚が「時間的にも空間的にも他者や共同体から認められている状態」と定義されます。これに対し、同一性拡散とは「自分が何者であるか分からず混乱し、自分たちの社会から与えられ制度化されたモラトリアムを利用することができず、社会的な位置づけを得ることができない状態」と、エリクソンは定義しています。

ちなみに「社会から与えられ制度化されたモラトリアムを利用することができない」とは、学校に所属することによって社会的責任が一時的に猶予される時期に、生きがいややりがい、働きがいを見つけるための準備をすることができない状態をいいます。

この時期には、「自分が何のために生きているのか分からない」とか「自分の形が見えてこない」などに対して悩み続けます。そして、「自分は何者なのか?」「自分は何がしたいのか?」「どういう道に進むべきか?」といったことを確かめようとします。さらには、自分の同一性を確立するために、自分の限界を知ろうとして、あえて問題行動をすることもあります。これは同一性を手に入れるための本能的、無意識的な行動です。

このステージでは、親以外の大人との出会いが重要で、人生のロールモデル(お手本)となるような人と触れ合うことが理想です。学校や塾で先生とコミュニケーションを取ったり、さまざまな分野の中心となる人物と出会ったりすることで、徐々に同一性が芽生えるのです。

このステージでは人のために何かをするという「忠誠」を獲得します。

◎ステージ6　初期成年期（22歳〜40歳）　親密感VS孤独感

この時期は恋人ができたり、職場で仲間ができたりしていく人たちがいる一方で、孤立していく若者もいます。職場の雰囲気になじめずに職を転々とし、最終的にひきこもる人は、このステージに至るまでの間に「自分が何者か分からない」「自分が本当にやりたいことが分からない」「どう生きたらいいのか分からない」といった状況に陥っています。その根底には長い年月をかけてつくられてしまった「自己不信」があります。

このステージでは親以外の他者に対する愛、つまり、「他者を愛する」という概念を獲得します。

◎ステージ7　成年期（40歳〜65歳）　増殖性VS停滞

この時期のキーワードとなっている「増殖性」とは、配偶者や子どもができたり、部下ができたり、仕事仲間が増えたりしていくことを表します。

このステージでは、「ジェネラティビティ」の獲得が、増殖性をもつのか停滞するのかのカギになります。ジェネラティビティとは、自己の役割と貢献感から生み出され、自分自身が作り出した未来に続く価値を次世代へ継承させたいという意欲のことです。

このステージでは次世代のために「世話（ケア）」をするという感覚を獲得します。

◎ステージ8　成熟期（65歳〜）　自我統合感VS嫌悪・絶望

このステージでは自分の残りの人生をうまく生きるための「英知」を獲得します。

ここまで順調に発達課題をクリアしてきていれば、最終ステージとなる成熟期に至ると「振り返ると良い人生だった」という気持ちが強く現れてきます。人や物を育てたり、それによって得られた成功や失敗を自分自身に適応させたりすることによって、「インテグリティ」が獲得されます。

インテグリティは、「正直さの実践とともに、高い道徳観や価値観をもって一貫し、妥協なくそれらを遵守する振る舞いができる能力」のことです。偽善の対義語であると考えると理解しやすいと思います。親や大人が自分の人生と子どもの人生を切り離して考えるということは、インテグリティをいかにして獲得するのかを主体的に考えることにつながります。大人がそのような姿勢をもつことで、結果として子どもは自分の人生を自分で考えて生きていくようになります。

一方で、このステージの発達課題である「自我統合感」が得られなければ、人生の終盤において嫌悪感や絶望感に苛まれ、「自分は何のために生きてきたのか」と自問自答しながら余生を嘆きとともに過ごすことになります。

エリクソンのライフサイクル説を基にした振り返りシートで子どもに対する信頼感を引き出すと同時に、「自分自身のこれからの人生をどう生きるか」を考えることが、子どもの人生と自分の人生を切り離す一つのきっかけになると思います。

【ステージ3】 積極性 vs 罪悪感 （3歳〜6歳）

①エリクソンのライフサイクルに当てはめるとどちらになりますか（○で囲む）

（積極性 ・ 罪悪感）

②この時期の最も感動した思い出や長所に感じたことなどを思い出せる範囲で書いてください。

③この時期の接し方でうまくいかなかったこと、強く心配していたこと、反省点などがあれば思い出せる範囲で書いてください。

④この時期にやっていた習い事や特別な教育などがあれば書いてください。

【ステージ4】 勤勉性 vs 劣等感 （6歳〜13歳）

①エリクソンのライフサイクルに当てはめるとどちらになりますか（○で囲む）

（勤勉性 ・ 劣等感）

②この時期の最も感動した思い出や長所に感じたことなどを思い出せる範囲で書いてください。

③この時期の接し方でうまくいかなかったこと、強く心配していたこと、反省点などがあれば思い出せる範囲で書いてください。

④この時期にやっていた習い事や特別な教育などがあれば書いてください。

［図表2］ 振り返りシート

◆エリクソンのライフサイクルに沿って子どもを振り返る

【ステージ1】 基本的信頼 vs 基本的不信 （0歳～1歳半）

①エリクソンのライフサイクルに当てはめるとどちらになりますか（○で囲む）

（基本的信頼　・　基本的不信）

②この時期の最も感動した思い出や長所に感じたことなどを思い出せる範囲で書いてください。

③この時期の接し方でうまくいかなかったこと、強く心配していたこと、反省点などがあれば思い出せる範囲で書いてください。

④この時期にやっていた習い事や特別な教育などがあれば書いてください。

【ステージ2】 自律性 vs 恥・疑惑 （1歳半～3歳）

①エリクソンのライフサイクルに当てはめるとどちらになりますか（○で囲む）

（自律性　・　恥と疑惑）

②この時期の最も感動した思い出や長所に感じたことなどを思い出せる範囲で書いてください。

③この時期の接し方でうまくいかなかったこと、強く心配していたこと、反省点などがあれば思い出せる範囲で書いてください。

④この時期にやっていた習い事や特別な教育などがあれば書いてください。

子どもと精神的に距離を取るためのステップ② 子育て以外に興味関心を向ける

二つ目は、子育て以外に興味関心を向けることです。

子育てに必死になっている間に、以前に自分が好きだった趣味などから遠ざかっていたという人もいるかもしれません。また、出産・子育てをきっかけに、大好きだった仕事を辞めたり、積み重ねてきたキャリアを手放したりした人もいるはずです。

そういった自分の過去を振り返って、これからの人生で打ち込みたいことを考えてもいいですし、今、新たに興味を引かれることがあれば、それを追求するのもよいと思います。

いずれにしてもエリクソンのライフサイクルを参考にして、自分のこれからの人生について、積極的に考えるようにすることです。

今の日本の平均寿命を考えると、親自身の人生は子どもが成人してから先、おそらく数十年続くはずです。

子どもが独立した後の人生を「老後」と考えるとマイナスなイメージがあるかもしれませんが、能楽を大成させた世阿弥は『風姿花伝』の中で50歳過ぎの年頃について次のように述べています。

「麒麟も老いては駑馬に劣る」と申す事あり。さりながら、まことに得たらん。能者ならば、物数はみなみな失せて、善悪見どころは少なしとも、花は残るべし。

ＮＨＫ　１００分de名著より

【現代語訳】

「千里の名馬も老いては凡馬に劣る」ということわざがある。しかし、本当に奥義に到達した名人であれば、できる演目はほとんどなくなって、見所が少なくなったとしても、芸の魅力は残るだろう。

世阿弥の父親である観阿弥は、52歳でこの世を去りましたが、亡くなる直前に立った舞台では、芸の魅力が際立ち、とりわけ華やいで観客が大絶賛したのだそうです。引用した箇所は、その父の姿を見て世阿弥が感じたことが反映されているのかもしれません。

子育てを終えた先の人生について、「今だからこそたどり着ける境地があるのだ」とポジティブに捉え、子どもが中学生になったら自身の関心を徐々に子育てから自分の人生に移していけるとよいと思います。自身の人生を真剣に考えようとするうちに、重心が自分の人生に戻り、子どもとの精神的な距離をほどよく取ることができ、自然と子離れができていきます。

子どもと精神的に距離を取るためのステップ③　物事を決定論で考えるのをやめる

三つ目は、物事を決定論で考えずに、幅広く捉えるようにすることです。同じ物事であっても、ポジティブな視点で見ればポジティブに捉えられ、ネガティブな視点で見れば、ネガティブな捉え方をしてしまいます。

例えば、なかなか自分の意見を言わずに飲みこんでしまうタイプの子どもがいたとします。この子どもに対して「自分の意見を言わずに飲みこんでしまうから、自分の意見を言えない消極的な子だ」というネガティブな評価が下されることもあるでしょう。

しかし、見方を変えれば、「自分の意見を言わずに飲みこめるから、言いたいことを我慢して熟考できる忍耐力のある子だ」とポジティブな評価をすることもできます。そういうタイプの子は、自分の考えを脳内で咀嚼して、場合によっては芸術作品などの形でアウトプットできる能力をもっている子かもしれません。

このように「子どもの長所を探しましょう」という話をすると、「うちの子の長所を探そうと思ったんですけど、全然見つからなくて……」と言う母親がいます。

本当にその子に長所がないのかというと、そんなことは決してありません。塾講師の目から見れば、そう言われた子どもも長所をたくさん持ち合わせていることは明らかです。

実は、このようなケースでは、子どもに長所がないのではなく、母親の中で「子どもの長所を見たくない」という潜在意識（無意識）の力が働いている可能性があります。

人間は見たいものしか見ない生き物です。理想と現実とのギャップに直面したとき、足りないものがあれば、「〇〇だから足りないのだ」と原因論的に考えます。さらにマイナス査定がベースになっているので、潜在意識では長所を見ようとしません。むしろ、ネガティブなものを見たいという心境になり、子どもの短所ばかりにフォーカスしてしまいます。

先日、幼稚園に通っている私の息子が、

「僕、友達があまりいないんだ」

とポツリと言ったことがありました。親としてはなんとも気になる発言で、この子はこの先、集団の中でやっていけるだろうかと和太鼓のときと同様に先行不安に苛まれてしまいました。

そのことを塾の同僚に話したところ、

「幼稚園のときに『友達がいない』と言えるということは、それだけ周りが見えていて、精神年齢が高いんですね。僕なんか、自分が幼稚園に通っていた頃は、人から好かれているかどうかなんてこれっぽっちも考えずに、ただ園庭を走り回って遊んでいましたよ」

と言われ、ハッとしました。

私のように、長年教育に携わる仕事をしていても、わが子のことになると客観的に捉えられず、「友達がいない」という発言から、先行不安が生じてしまったのです。

子どもの長所も短所も、大人が勝手に解釈しているに過ぎません。そのため、同じ現象を見ても捉え方は人それぞれで、ポジティブに捉える人もいればネガティブに捉える人もいます。

心というものの存在だけを認めた仏教の唯識《ゆいしき》思想《しそう》では、言葉と思い、そして感情はセットになっていて、人間は言葉を使って「区別」し、思いを巡らせることで「意味づけ」がされて、感情が湧くと説いています。ということは、思いを巡らせる段階で、同じ事実に対しても私の同僚の言葉のように、ポジティブに意味づけできるということです。

過去を振り返ったときに、ネガティブな感情とともに思い出される出来事があったのなら、それをポジティブな言葉に書き換えてみる作業をすることで、今まで見えていなかったわが子の長所が次々に浮かび上がってくるはずです。

このような視点からわが子のことを見つめ直してみると、これまでに子どもは自分の長所を活かしてさまざまな困難を乗り越えてきたということが見えてきます。そうすると、「この先、どんなことがあってもこの子は大丈夫だ」という気持ちを親がもてるようになるはずです。それは子離れをしていくうえで、強固な足掛かりとなります。そして、何よりも子どもへの信頼にもつながっていきます。

［第３章］

自分の頭で考え、自分らしく表現できる「自立した子」にするために「放置」と「放任」を区別した〝管理しない子育て〟

「自立した子」の特徴とは

「管理しない子育て」では「自立した子」を育てることを目指していきますが、私の考える「自立した子」の特徴は二つあります。一つは「当事者意識をもっていること」、もう一つは「精神的に大人であること」です。

当事者意識というのは、自分自身が直接的な関係者であるという自覚のことです。具体的にいうと、自分が人生の主人公であるという強い気持ちをもち、自分自身がその事柄に直接関係していると分かっている、直接的な関係者であるという自覚のことです。つまり自分が自分の人生の主人公であるという自覚をもち、自分で解決する、行動するといった意識を常にもっているということになります。

「管理する子育て」のもとに育ってきた子どもは、この意識が希薄です。自分が動かなくても、親が決めてくれる、周りの大人がなんとかしてくれるというのが当たり前になっているからです。

これに対して、親が子どもの課題を自分から切り離し、親は自分のやるべきことをしっかりやるという姿を見せて「管理しない子育て」を実践していれば、子どものほうも、自分のやるべきことは自分でしっかりやろうという意識をもつようになります。同時にやるべきことについて、単なる義務として捉えるにとどまらず、楽しさをつくり出すこともできます。

自分が人生の当事者であるという意識があれば、親が干渉しなくても自分で学習の計画を立てて、時には大人のサポートを要することもありますが、自律的に努力するようになるのです。

次に、二つ目の「精神的に大人である」ということですが、「精神的に大人」とはどんな状態かというと、「自己実現への欲求が芽生えた段階」だと私は考えています。噛み砕いていうと、「誰かに褒められるかどうかにかかわらず行動できるか」ということです。

例えば、親が見ているときだけ勉強する、あるいは勉強しているように装うという態度は、精神的に大人であるとはいえません。「怒られるからやる」とか「褒められたいからやる」とかいうのは、精神的に未熟な状態です。

親が見ていても見ていなくても、自発的に努力ができる子どもが、精神的に大人であるということになります。

アメリカの心理学者アブラハム・マズローは、「欲求五段階説」を唱えました。マズローは「人間は自己実現に向かって絶えず成長する」とし、人間の欲求は五段階のピラミッドのように構成されていると考えました。そして、下から順番に欲求が満たされると次の段階に進み、逆に欲求が満たされなければ次の段階には進まないと述べています。

マズローの欲求五段階説のピラミッドを下から見ると、まず食事や睡眠、排泄など、生命を維持するための本能的な欲求である「生理的欲求」があります。

これがクリアされると、次に、身の安全や経済的な安定、健康の維持など、秩序立っていて予測可能な状態を求める「安全の欲求」が生まれます。

それが満たされた後に生ずるのが、自分が社会に必要とされているとか、どこかに所属しているといった「社会的欲求」です。

その次に現れるのが「承認の欲求」です。これは、自分が集団から価値ある存在として認められ、尊重されたいという欲求です。

［図表３］　マズローの欲求五段階説のピラミッド

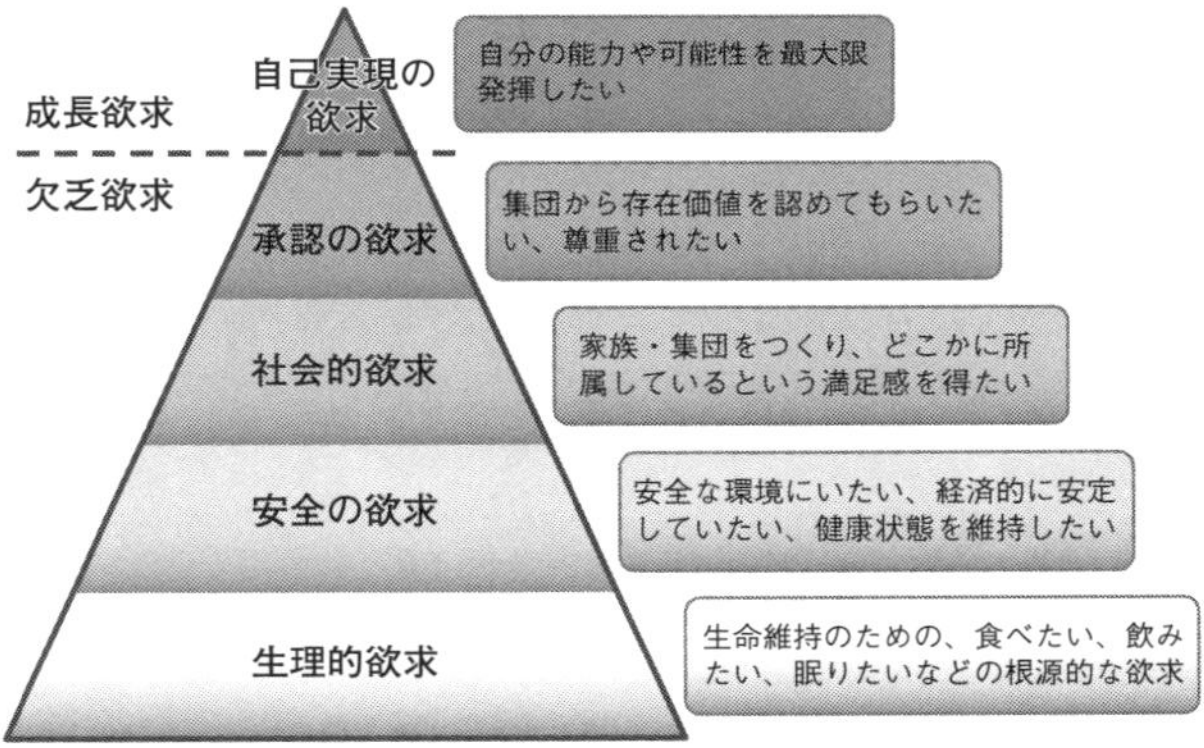

承認の欲求は二つのレベルに分かれ、低いレベルのものは、他者からの尊敬や地位を渇望し、名声や利権を得たり注目を集めたりすることにより満たすことができるとされます。それに対し、より高いレベルのものは、技術や能力の習得、自己信頼感、自己尊重感、自立性などを得ることにより満たされるとされます。

この段階までは、足りないものを補おうとする「欠乏欲求」に当たります。さらにその上にあるのが「成長欲求」である「自己実現の欲求」です。

自分が社会に必要とされている、どこかに所属しているなど、「社会的欲求」までは、日本の多くの子どもは満たされているかもしれません。しかし、四つ目の段階である「承認の欲求」を完全に満たすことは難しいものです。

ただ、承認欲求であっても、自己信頼感や自己尊重感などを求める高いレベルに分類されるものであれば、たとえ自己実現の欲求の段階にまで至らなくても、精神的に大人であるといえます。

精神的な成長の度合いを決めるものとは

このような精神的な成長の度合いは、周りの大人の接し方によって決まります。つまり、どんな大人に囲まれているのかによって、精神的に習熟するのか、それとも停滞するのかが決まるのです。

子どもの精神的な成長を促すために必要なのは、多くの大人の考え方に触れる機会をもつことです。大人が子どもを一人の人間として扱っていれば、子どもは自ずと精神的に大人になっていきます。大人が子どもに対して、「子どもはいつまで経っても自分のことを自分でできない存在」というスタンスで接していては、子どもの精神的な成長は図れません。

多くの大人の考え方に触れる機会としては、実際に大人と語り合う機会はもちろんですが、文学作品を通して学ぶという方法もあります。

私の経営する塾では以前、中学1年生で森鷗外の『高瀬舟』を扱って安楽死の是非について考えたり、2年生で志賀直哉の『范《はん》の犯罪』を題材にディベートをしたりしたこともありました。『范の犯罪』では、若い奇術師である范がナイフを投げる演目をしていたときに、妻の頸動脈を切ってしまうのですが、それが故意か過失かというのが話の中心です。小説の中では、裁判官と范との対話により、2年前に生まれた子どもが自分の子どもではないことで妻と不和になったこと、事件の前日には妻を殺害しようと考えていたことが明らかになります。なんとか無実になろうとする范ですが、事件の前の晩に妻を殺すことを考えていたことで故意の殺人となるのか、范本人もよく分からなくなってしまいます。范が裁判官にそのことを正直に話して退出すると、裁判官はその場で范を無罪とする短編小説です。

生徒たちは、小説から得られる情報だけでなく、想像力も働かせつつ、妻の殺害が故意か過失かのいずれかの立場になって議論をします。このような文学作品に触れて、死生観や倫理観について考えを深めたり、答えが一つに決まらないテーマについて考えることは、確実に子どもの精神的な成長を促します。2年生のディベートは、講師が圧倒されるほどの激論が交わされます。その中で同級生たちの多様な意見を受け止めながら、考えを深めていきます。また、ディベートなので、本来の自分の意見とは異なる主張をする必要が出てくる場面もありますが、きちんと根拠を明確にしながら意見を主張します。

子どもの精神的な成長は「困難」に出合ったときにも促されます。困難な状況に直面することは、レジリエンス（＝困難に遭遇したときに、うまく適応する力）を鍛える絶好の機会となります。それを乗り越えることで、精神的な成長が図れるからです。しかし、そのような場面で周りの大人が先回りして困難を取り除いてしまっていては、子どもの精神的成長は図れません。困難を取り除くのではなく、その困難を子どもが主人公となって乗り越えるためのお膳立てをしてあげることです。

自立した子の特徴である「当事者意識をもっていること」と「精神的に大人であること」は、密接に関わり合っています。精神的に大人であれば、何事においても自分がやるべきことと考えて当事者意識をもって取り組みます。逆に精神的に未熟であれば、当事者意識が低く、周囲の大人に依存します。後者のような子どもの多くは、親の管理下におかれています。親が管理しようとしたり、親が子どもをコントロールしようとしたりする傾向があります。

一方で子どもを信頼して任せていたり、何があっても子どもを信じたりすることができる家庭は、いたるところで親の子どもに対する許容が見られます。

自立した子どもに当てはまる特徴として、多少の承認欲求は見られたとしても、誰かの評価に振り回されるのではなく、自分自身のやるべき課題や、ルーティンとして日々のやるべきことをこなしているということが挙げられます。誰かが見ているから努力する、誰かの評価があるから努力するという段階を卒業しているともいえます。また、長年教育に関わってきた視点から、勉強面について付け加えるとするなら、義務として勉強するだけでなく、勉強自体を楽しむ姿勢が加わった子どもは、確実に高い学力を手に入れています。

「管理しない子育て」で表現力や思考力を伸ばす機会を取り戻す

親が「管理しない子育て」に移行できず、なんでも先回りして子どもに指示をし続けていると、子どもは指示がないと動けないようになります。自分の頭を使って考えることができない状況に陥ってしまうのは今まで紹介してきたとおりです。

例えば、表現力という点について、さまざまな家庭を見てきた経験からいうと、親が饒舌な家庭の子どもは比較的おとなしく、自己表現が控えめな傾向が見られます。特に、子どもの話をすべて親が代弁してしまうような場合、子どもは親が自分の代わりになんでも発言してくれるので、自分で表現する必要がなくなります。そうすると、思考力や表現力が磨かれる機会が失われてしまいます。

あるいは、子どもが言おうとしていることを親が瞬時に察して、子どもが自分の言葉で説明する以前に汲み取ってしまう家庭も同様です。必要最低限の表現で成り立ってしまうため、子どもが自分の考えを伝えようとするときに必要な思考力や表現力が磨かれません。

思考力も表現力も、学校や塾などの第三者的な教育機関で鍛える以前に、最も身近にいる大人である親の子どもに対する立ち居振る舞いに大いに影響を受けます。そのことを、親が自覚する必要があります。表現力や思考力は、家庭で築かれた基礎があってこそ、第三者的な教育機関が「考えることの楽しさ、表現することの楽しさ」を伝え、アシストすることによって、育むことができるのです。

ちなみに独自の表現力や着眼点、発想力や思考力は、答えが一つに決まらない問題に繰り返し取り組む中で磨かれていきます。

近年では中学受験の公立中高一貫校の適性検査に代表されるような、独自の思考力や表現力を問う問題が増えています。高校入試においても、例えば女子高最難関の一つである慶應女子では「あなたが国のリーダーになったとき、どんな政策を実施しますか」という問題が出題されました。

こういった傾向は大学入試でも見られます。

とはいえ思考力や表現力は一朝一夕に身につけられるものではありません。子どもとのコミュニケーションのあり方を見直し、日々の会話を表現力や思考力を磨く機会にしていくことで、長い時間をかけながら培われていきます。

子どもの「やりたい」を尊重する親になる ～「放置」と「放任」の違い～

保護者向けの勉強会などで「管理しない子育て」の話をすると「では、何も言わなければばいいっていうことですね？」と言う親もいます。

「管理しない子育て」は、「子どもを放置しなさい」ということではありません。

ミュージシャンを志したAくんの例では、子どもが「高校を辞めて、ミュージシャンになりたい」と言ったとき、両親はどういう対応をしたかというと、人生の先輩として、高校を辞めることで生じるデメリットを伝えたうえで、どの道を選択するかは子どもに任せ、子どもが決めた道を歩むことを応援しています。これが「放任」です。失敗したときにも、子どもの選択を否定することなく、次にどうするべきかを考える手助けをするのです。

子どもがやりたいことを見つけたときには、その気持ちに寄り添い、尊重します。大人として伝えておくべきことは伝え、どうしても大人の力が必要な場面ではサポートするという姿勢でいることが大切です。

そして、大人がそのような態度でいるためには、子どもを心から信頼していることが不可欠であり、子どもは親の顔色を見ることなく、自分の心に従って決断できる状態にある必要もあります。それは子育ての中で培われた親子関係がどのようなものであるかによるのです。

幼少期から親がレールを敷き、その上を親に言われるがままに走ってきた子どもは、心からやりたいと思えることが見つかったとしても、レールから外れることに恐怖を抱くはずです。自分のやりたいことに蓋をして、親が望む道を歩こうと無理をするかもしれません。

子どもを自分の思いどおりに管理してきた親は、子どもがやりたいことを見つけたことを思い切って話したとしても、頭ごなしに否定したり、できない理由を探して説得したりするに違いありません。

逆に、子どもが自分の意思で道を選択することを信じて見守ってきた親は、子どもが人生の岐路で大きな決断をするときでも、どっしりと構え、心からわが子の挑戦を応援できるはずです。

子どもに絶大な信頼を寄せる親の共通点

そのように子どもに絶大な信頼を寄せる親に共通するのは、私自身が本書を通じて最も強調してきたことの一つである、子どもの長所を十分に把握し、それをベースにどんな困難も乗り越えられるのではないかという楽観的な視点で子どもを捉えているということです。

それは、保護者面談をしているとよく分かります。

子どもを心から信頼できていない場合は、話題がわが子の成績の話に終始します。例えば、「今の成績で第一志望に合格できるでしょうか」とか、「数学の点数が悪かったので、もっと課題を出していただいたほうがいいんじゃないでしょうか」などといった言葉が出てきます。先行不安に支配されて、親のほうがストレスを抱えている状態です。

一方で、子どもに絶大な信頼を寄せている場合は、わが子の長所の話がよく出てきます。「こんな失敗をしたんですけど、この子にはこんな長所があって……」というように、失敗のエピソードも、それを「困難を乗り越えられた成功体験」として前向きに捉えています。その根底には、「学生の間に何か失敗したとしても、人生を賭した失敗ではない」と深く理解できているということがあると思います。そのような親は、子どもが本当に困っているときに、温かくじっくりと向き合うことができます。

何をもって成功したかは本人が決めることです。「勝ち組」「負け組」という言葉がありますが、世間の価値観では「勝ち組」とされる人でも、幸福を感じられない人もいます。一方で、世間からは「負け組」とされる状況にあっても、本人は心から幸せを感じながら生きている人もいます。子どもの将来を考えたとき、本人が人生を心から謳歌していたら、どんな環境であれ、それは間違いなく真の意味での「勝ち組」といえるのです。

親は、知らず知らずに自分の親から受け継いだ価値観をもって生きています。その価値観に支配されていると、子どもにとっての幸せを見誤ることがあります。自分の育った環境や自分の親から引き継いだ価値観に支配されている部分があることを認識し、それをアップデートしていく必要があります。

親が学ぶ姿勢をもち続けることが子どもを自由にする

幼児期には、親が子どもにぴったりと寄り添って、必要に応じてしつけをしていく必要がありました。

これに対し、思春期に親離れ・子離れをしていく際には、親が自分の姿勢を見せることで教育していくことになります。英語でいうならばdoingよりもbeing、つまり「何をするか?」ではなく「どうあるべきか?」が重要なのです。

自発的に勉強に打ち込んでほしいと願うのなら、親が子どもに自らの学ぶ姿勢を見せることです。

学びのステップには三段階あると私は考えています。

一つ目は「知る」ことです。本を読んで知識を得るのもそうですし、セミナーや勉強会などの場で情報を得るのもそうです。体験から知ることもあるはずです。

二つ目は「分かる」ということです。これは、知っていることの背景を深く理解することです。知っている事柄の背景にある経緯や理由などを理解したとき、「分かった！」という喜びを得ることができます。

三つ目は「つながる」ことです。知っていることや理解したことが、ジャンルを超えて結びついたとき、新しい考えが浮かぶこともあります。親がつながる喜びを味わえる状態にあれば、子どもは学ぶことを楽しいものとして捉え、積極的に学ぶ姿勢を身につけていきます。

そうなるためにも、まずは親自身が純粋に知ることを楽しんでいくべきです。そして、「なぜそうなるのか」という背景に興味をもつことです。この二点を意識するだけでも、子どもに対して多大な影響を与えます。

なぜなら、子どもにとって親が最も身近にいる大人であり、先生（＝先を生きる人）であるからです。

親が考えている以上に、子どもは親の影響を受けます。親が勉強を義務的に捉えていれば、当然子どもにも義務的なものとして伝わります。逆に、親が積極的に学ぶ姿勢をもっていれば、必ず子どもに影響を与えます。

親自身が学ぶ姿勢をもち続けることで、「子育てが生きがい」という状態を脱して、何事も学びと捉えられるようになります。そして、自分の人生を子どもの人生と切り離して考えられるようになるはずです。学び続けることで、親としての引き出しの数も増え、子育ての質も充実していき、より子育てを自然体で楽しめるようにもなると思います。

親が自然体に至るまでの道のりという点で、仏教の「十牛図《じゅうぎゅうず》」を例に挙げます。十牛図は禅を志す人が、完全な「禅の境地」に至るまでの様子を10枚の絵で表現したものです。

◎第一の図　尋牛（じんぎゅう）

牧人が牛を探す旅に出かけます。

［図表４］　十牛図

この絵の牛は「本当の自分」をイメージしたものです。子育ての場合は「親としての自分」と考えるとよいかもしれません。まだその姿はどのようなものなのか見えず、どこへ探しに行けばよいのかも分からず、さまよっている状態です。

◎第二の図　見跡（けんせき）

牧人が牛の足跡を見つけました。

この足跡は手がかりのことを表しています。先人の残した書物や、師匠となる人の教えなどがこの足跡に当たります。

子育ての場合でいうと、自分たち親子に合っていると思える子育ての指南書や、信頼できる先生の講演会などがこれに当たります。

◎**第三の図　見牛（けんぎゅう）**

牧人がついに牛を見つけました。とはいっても、今見えているのは後ろ姿に過ぎず、全貌が分かったわけでも、自分の手の中に捕らえたわけでもありません。しかし、自分が求めるものに、確実に近づいたという手応えが得られた状態だといえます。

◎**第四の図　得牛（とくぎゅう）**

牧人が牛を捕えて、手綱を握って制御しようとしています。少しでも気を抜けば、牛は牧人を振り切って逃げ出してしまいそうです。

同様に、子育ての場合も、自分が求める親の姿であろうと、自分を意識的にコントロールしている状態だといえます。

◎**第五の図　牧牛（ぼくぎゅう）**

牧人が手綱を持って、牛を引いています。第四の図とは違い、牧人に余裕が見られます。牛との間に信頼関係があり、力みのない状態で同じ方向に向かって進んでいます。

子育ての場合は、自然な形で「親としての自分」でいることができる状態と考えられます。

◎第六の図　騎牛帰家（きぎゅうきか）

牧人が牛の上に乗り、横笛を吹くほどの余裕を見せています。手綱を引くという労力を割かなくても、ともに帰路につけるほどの関係になっています。つまり、手を離していてもコントロールできるようになっているということです。

◎第七の図　忘牛存人（ぼうぎゅうぞんじん）

牧人は家にたどり着きました。今となっては、あんなに必死に探し求めて長い道のりを連れ帰ってきた牛の存在を忘れて、すっかりくつろいでいます。禅では、究極の境地に至ろうといった気持ちがある限り、本当に深い境地には至ることができないと説いています。

子育てについていうと、今まで捉われていた「理想の親の姿」といった考えを意識しないということになります。

◎第八の図　人牛倶忘（じんぎゅうぐぼう）

絵の中に、牛の姿どころか牧人の姿もありません。空っぽです。深い境地を追い求めてきたこだわりを受け流せるような気持ちに至ったとき、空っぽになります。日本の禅仏教の開祖道元の言葉を借りると「身心脱落」の状態です。それが禅の真髄でもあります。これまでに見たり聞いたりして勉強してきたことを超えたところに、目指すべき本当の境地があるということを示しています。

◎第九の図　返本還源（へんぽんかんげん）

牧人も牛もいません。ただ自然の風景だけがそこにあります。例えば、「本当の自分」とか「親としての自分」とかいうように、概念を言葉にした時点で限定される部分があり、本質を正しく表現することは難しくなります。それらは追い求める必要もなければ、追い求めるべき対象でもなく、すでにそこにあり、言葉で限定しようもない、自然なものなのだということを表現しています。

◎第十の図　入鄽垂手（にってんすいしゅ）

牧人が町に出かけて人と会話しているという、何の変哲もない日常の光景が描かれています。彼の頭の中には、牛のこともなければ、自然の風景もありません。「牛として描かれていた『本当の自分』を探そう」「コントロールしよう」などといった不自然な力みは一切なく、自分は悟りの境地に至ったという自負もなく、ただ無意識に日常の営みの中で人と接しています。

「無意識」で行う教育こそが本当の教育

十牛図の最後の絵で、牧人が市中に出て牛のことをすっかり忘れて振る舞っているときのように、教育についても、「無意識」で行われる教育こそ本当の教育だと私は考えています。

講師として長年教壇に立っていると、卒塾生が大人になってから訪ねてくることもあります。昔話に花を咲かせていると、こちらが練りに練った渾身の発言はきれいさっぱり忘れ去られていて、逆に何気なく発したような発言ほど、生徒の印象に残っていることがよくあります。それが無意識から生じた、嘘偽りのない言葉だからかもしれません。

それは家庭での教育でも同じだと思います。意識の中にある「親としてこうあるべき」というこだわりを捨て、同じ人間として無意識で対等にコミュニケーションを取る中で交わした言葉は、子どもの中に深い印象を残します。

中学生くらいになれば、親がしつけをするという段階を終えて、子どもが親の背中を見て育つという段階になっていきます。きちんとあいさつができる礼儀正しい子であってほしいと思えば、親が率先してあいさつをし、勉強を頑張ってほしいと思えば、親が学ぶ楽しさを感じながら学び続ける姿勢を見せる。そういった姿を見せていれば、すぐに効果が出なかったとしても、子どもは確実に影響を受けます。

これに対して、子どもたちが違和感を覚えたり反発したりするのは、大人の発言と無意識の言動に矛盾があるときです。

例えば、子育てのノウハウ本などで、こんなときはこんなふうに声かけをすればよいと書かれているのを鵜呑みにして、親自身の気持ちが伴っていないのに口先だけは本の内容をなぞって声かけをした場合、子どもは敏感に違和感を察知します。無意識の部分で思っていることは、あらゆる言動を通して子どもに伝わるのです。

それが微かなものであっても、子どもは親のことをよく見ていますし、感受性が高いので、その違和感に気づき、心が離れてしまうのです。

「無意識」とは

「放任」というのが「関心があって受け入れている状態」であるとすると、「放置」は「無関心」であり、「干渉」は「関心があり過ぎる状態」と考えることができます。

放任：関心があって受け入れる
放置：無関心
干渉：関心があり過ぎる・コントロールしようとする

子育てにおいては、「子どもに何をするか？」ではなく「どうあるべきか？」、つまりあり方が重要です。そのあり方というのは「無意識」からきます。普段何気なく使っている「無意識」という言葉は、日常生活の中でも「無意識のうちに○○をしていた」などというように、とてもよく使われています。

また、無意識とよく似た言葉に「潜在意識」というものもあります。この二つは、学術的には明確に区別されますが、ほぼ同じと考えられることが多いようです。ただ、厳密に言うなら、潜在意識の中もしくは、潜在意識の下部に無意識があるという考え方が主流となっています。

心理テストなどで「深層心理」という言葉を聞いたことのある人も多いと思います。心理学の用語としての「深層心理」は、この「無意識」や「潜在意識」のことを指しています。

潜在意識（無意識）と顕在意識（意識）の説明には、次ページのような図がよく用いられます。

「氷山の一角」という言葉があるように、氷山は海面上に見えている部分よりも、海中に沈んでいる部分のほうが圧倒的に大きいものです。この海面上に見えている部分が顕在意識で、海に沈んで見えない部分が潜在意識と思ってください。

顕在意識は私たちの「頭」の部分を司っており、潜在意識は「身体」を司ります。潜在

［図表5］　ユングの分析心理学

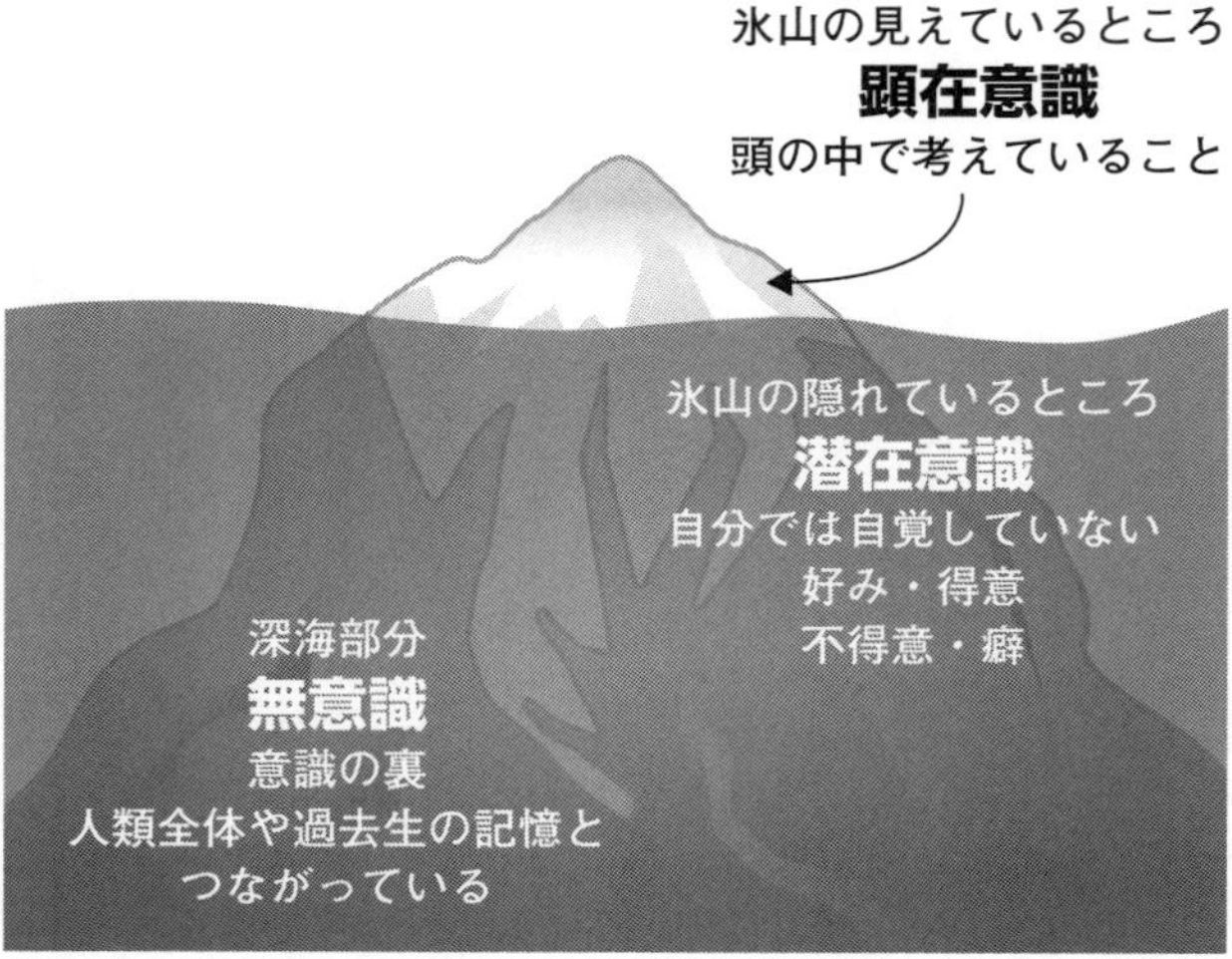

意識が司る「身体」というのは、つまり、私たちの「行動」ということです。頭で分かっていても体がいうことをきかないというのはまさに潜在意識（無意識）の影響を受けているといえます。

また、一つひとつの氷山は海底でつながっており、その海底でつながっている部分は心理学者ユングが提唱する「集合的無意識」に例えられます。

集合的無意識は普遍的なもので、時代や場所を越えて個人の価値判断の基準などに影響を与えます。私たちの価値観は、知らず知らずのうちに、この集合的無意識の影響を大いに受けています。それと同時に、集合的無意識には全人類共通な型があると説いています。ユングはこの型をアーキタイプと名づけました。この型を調べてみると自分自身の潜在意識に蓄積しているものの正体にたどり着けるかもしれません。

歴史上の数々の大発見は、無意識の部分で行われたといっても過言ではありません。ノーベル化学賞を受賞した福井謙一博士は、よくメモを取る「メモ魔」だったことが知られています。彼は枕元に必ずノートと鉛筆を置き、アイデアを思いつくとすかさずメモを取ったそうです。そして、後で見返したとき、役に立たないものと役に立つものの違いに気づいたといわれています。つまり普段から意識していること、覚えていることはあまり役に立たないということです。秩序立てて考える意識の世界よりも、無秩序（エントロピー）の世界のほうが問題解決や大発見につながるという一つの例です。彼は潜在意識（無意識）の大きさやパワーを認識していたのかもしれません。

無意識からアイデアが浮かんで来る例は枚挙に暇《いとま》がなく、例えば、ポアンカレ予想で有名な数学者ポアンカレは、馬車に乗ろうとしたときに難題を解くヒントがいきなり頭に浮かんできたそうです。意識的に難題を解こうと思っても歯が立たなかったのに、ふとした瞬間にアイデアが浮かんできたというのは、まさに無意識のパワーの賜物かもしれません。その他にも、ノーベル物理学賞を受賞した益川敏英博士は「6つのクォーク」のアイデアをお風呂から上がったときにひらめいたそうです。

このように、無意識は非常に大きなパワーを秘めています。逆に、意識してやったことほど、うまくいかないということは往々にしてあります。

それは子育てでも同じです。頭で考えて顕在意識（意識）の部分で放った言葉は、なかなか子どもに響かない一方で、潜在意識から浮かび上がってきた言葉は、子どもに大きな影響を与えることがあります。子どもと接するうえで、無意識のパワーの大きさを理解しておくことは、とても大切なことなのです。

［第4章］

好きなことを見つけた、苦手な科目を克服した、志望校に合格できた……〝管理しない子育て〟でわが子の成功をつかんだ家庭

「管理しない子育て」のリアル

本書で説明してきた内容について、頭では理解できても、実際に自身の子育ての中で実践しようとすると、なかなかイメージしづらい部分もあるかもしれません。それは先ほど触れた意識と無意識の違いが要因になっていると思います。

ここからはケーススタディと位置づけて、「管理しない子育て」を実践し、幸せな親子関係を築いている家庭の実例を紹介します。

子どもの個性はさまざまですので、ここに紹介した例をそのまま真似すれば必ずうまくいくということではありません。ただ、これから紹介するエピソードの本質を理解し、自身の子育てに応用していくことはできるはずです。

【管理しない子育て①】
ゲーム三昧の息子の個性を尊重した親　息子はGoogleでゲームソフトの開発者に

まずは私の経営する塾に三人の子どもを通わせていた家庭の話です。両親と、兄、弟、妹という家族構成で、私が４０００人近い生徒を見てきた中でも、とりわけて理想的な接し方をしていると感じた家庭の一つです。

この家庭では、次男のＣくんが、ドラゴンクエストやファイナルファンタジーといったロールプレイングゲームに夢中になっていました。彼は、勉強や外遊びよりもゲームに多くの時間を費やしており、人生に必要なことはゲームから学んだといってもいいくらい、ゲーム三昧の日々を送っていたそうです。その熱中ぶりは「ゲームをやる時間がなくなるから塾に行きたくない」と言い出すほどでした。両親はＣくんの気持ちを尊重し、塾の退会届を作成して彼に託し、本当に辞めたいなら自分で提出するように伝えたようです。結局、彼は退会届をカバンに入れた状態で塾に通い続け、志望校合格を手にしました。

両親はそれぞれに熱中できる趣味をもっていて、お父さんは音楽鑑賞、お母さんは読書が大好きでした。そのため、両親はＣくんのゲームについても「勉強の合間の息抜き」という位置づけで捉えてはいませんでした。自分たちが趣味に夢中になるのと同様に、「子どもにとって大切な時間」として捉えており、「楽しいならとことん楽しみなさい」というスタンスで接していたのです。

そういうわけで、Cくんがゲーム三昧であっても特にうるさく注意することはありませんでした。

あるとき、Cくんはゲームに熱中するあまり徹夜してしまうことがあったそうです。しかし、両親は一切口を出しませんでした。そうすると、子どもは「徹夜をすれば翌日大変な思いをする」ということを、実体験を通して理解します。そのうえで、翌日大変な思いをしてもゲームをするのか、翌日のことを考えてゲームを控えるのか、自分はどちらを選択するのかの判断を下すことができるようになります。

この家庭では、子どもが三人とも千葉県のトップの県立高校に合格しました。両親はそれぞれの子どもの個性を大切にしていて、保護者面談では学習面の問題の共有をするよりも、三人の子どもたちにそれぞれどのような長所があるのかが議題の中心となっていたのが印象的です。ゲーム三昧だったCくんは、大学卒業後にGoogleに就職し、今ではゲームソフトの開発に携わっています。

子どもがゲームばかりしているという状況にあると、親としては心配になり、頭ごなしにゲームを禁止したり、「○○したら、ゲームをしていいよ」というように条件をつけたりしがちです。それに対し、この家庭では、ゲームに夢中になる息子に対して、親にとっての音楽鑑賞や読書と同じ位置づけで尊重したという点が特徴的でした。

【管理しない子育て②】
受験を機に「偉大なるエリート父親」から「子どもの意思を尊重する父親」へ

次は、受験をきっかけに「管理する子育て」から「管理しない子育て」にシフトできた家庭のケースです。

この家庭は、とにかく父親の発言力が強く、母親はそれに従うというスタンスでした。ゴルフが趣味という爽やかな雰囲気の父親は、地方の県立トップ校から東京大学に進学し、メガバンクの支店長を務めるという、まさに絵に描いたようなエリートです。そんな父親のことを息子のDくんも尊敬していました。一方で、Dくん本人の意思よりも父親の意向で進路を決めているという状況でした。

客観的に見ると、Dくんが常に偉大なる父親像に飲み込まれていて、なかなか自分の意思をはっきり伝えることができずにいるように感じられました。Dくん自身が「自分の考えを言っても、どうせ父親には伝わらない」と諦めているような節もあったのです。

塾の面談には、いつも父親が出席しました。本来なら塾と保護者の二者面談なのですが、父親の希望で、Dくんを交えた三者面談になることも多かったと記憶しています。

面談のときに私からDくんに話を振っても、答えるのはいつも父親でした。「自分は子どものことをよく分かっている」と考えており、また、「子どもは同時期の自分と比べると未熟な点が多い」と決めつけているようでもありました。金融の仕事をしていることもあってか、理想よりも現実を追う傾向が強い性格で、父親と私との間で議論がヒートアップすることもたびたびありました。

その父親は、県立高校至上主義とでもいうべき価値観に縛られていました。自身が県立のトップ校から東京大学へ進学したという成功体験があるので、その自分の理想をDくんに投影していたというわけです。父親の地元と、今Dくんが育っている環境では学校事情が違うことは再三説明したのですが、どうしても県立高校へ行かせたいという強い希望をもっていました。

Dくん本人も、憧れの父親に近づきたいという気持ちもあって、県立トップ校に行きたいという意思はもっており、日々努力していました。ただ、Dくんの成績は、県立のトップ校に届くかどうかという、ギリギリのラインにありました。

そうして受験シーズンを迎えます。受験校を最終決定する時期になって、父親から「今の学力では勝負にならないだろう。そこで、県立のトップ校からワンランク下げた学校を受験させたい」という連絡がありました。

志望校のランクを下げるということは、受験生に精神面で大きな影響を及ぼします。Dくん本人と改めて話してみると、「せっかく頑張ってきたので県立トップ校をこのまま受けたいが、父親がだめといったので下げることを考えている」と悔しそうに話してくれました。

その旨を父親に電話で伝えたのですが、「確率的に厳しいところを無理に受けて私立に行くよりも、うちは公立志向なので、ワンランク下げた県立に行かせる」との一点張りでした。

結局、本人も納得して県立の志望校を下げ、受験に臨むことになりました。

千葉県では、県立高校の試験の前に、私立高校の入試がスタートします。その際に、今の実力で確実に受かるだろうとされる「安全校」と、今の実力にちょうど合っているとされる「実力相応校」をそれぞれ設定して受験するのが一般的です。

受験本番を迎え、Dくんは、安全校には無難に合格できたのですが、実力相応校として受験した私立高校に不合格になってしまったのです。

私はこの結果を受けて、父親から「さらにワンランク下げたほうがよいのでは」という相談が来るのではないかという予感がしました。

予感のとおり、子どもの私立高校の合否結果を受けて「先生と直接会ってお話がしたい」との連絡が入りました。

ところが、面談当日に現れた父親の様子はいつもとはまったく違っていました。普段の面談ではDくんを連れて来ることが多かったのですが、この日は一人でやってきました。そして、私立の安全校しか合格していないという状況にもかかわらず、落ち着いていて穏やかな雰囲気だったのです。私には、それがDくんに対して愛情が溢れている表情に見えました。

面談が始まると、父親は目にわずかに涙を浮かべながら、次のように語り始めました。

「先生、私は今まで息子のことをまったく分かっていなかったようです。息子のことについて、先生と議論したこともあったけれど、今、改めて考えてみると、先生のおっしゃるとおり、子どもに自分の理想像をただ当てはめているだけだったのだと思います。今、そのことを非常に反省しています。本人と腹を割って話してみたところ、どうしても県立のトップ校を受けたいと言っていました。先生、息子に県立のトップ校を受けさせてもらえないでしょうか」

それを聞いて、私は心を打たれました。そこで、急遽受験プランを変更し、全力でサポートしました。

残念ながら、Dくんは県立トップ校には届かず、唯一合格した安全校に進学することになりました。ただ、第一志望ではなかったものの、高校の校風が彼には合っていたようで、充実した高校生活を送り、その後は国立大学に進学して、現在は高校の教員として活躍しています。

彼は父親との高校受験のやりとりを通して、自分の意思で決めるという経験をしました。結果的に県立のトップ校には不合格でしたが、安全校として受験した高校に入ってからは、偉大な父親像に縛られることなく、あらゆることに対して自分で決められるようになりました。

中学生の頃は、シャイな男の子という印象でしたが、大学生になってから私の経営する塾で講師として働き、生徒から非常に慕われるすばらしい先生として活躍してくれました。

一方、父親はDくんが進学した高校の野球部の大ファンとなり、同校が甲子園に出場した際は、すでに本人が卒業した後であったにもかかわらず、わざわざ球場まで足を運んで応援をしたそうです。

このケースでは、父親本人が子どもの受験のタイミングで「子どもを自分の理想に当てはめようとして、自分が主導でレールを敷き過ぎた」ということに気づけたので、子どもの自立も促すことができました。もし、ここで気づけていなかったら、Dくんの抑圧された意思はいずれ「父親への反抗心」という、より激しい形で吹き出していた可能性があります。


【管理しない子育て③】

親が子どもの長所に目を向けて伸ばし難関大学合格へ

実際に子どものことを心から信じている親は、どのように子どもに接しているのか。次は姉弟で通っていた家庭の例を紹介します。

この家庭の母親は人当たりがよく、非常に教育熱心でもあり、塾のあらゆる保護者イベントに参加していました。

保護者の中には、世間体を取り繕って、表面上は物分かりのよい親を装う人もいます。そういう親は、面談で私たち講師に話す内容と、実際の子どもへの接し方にギャップが生じる傾向があります。しかし、この母親は、面談で講師に話す内容と、子どもへの接し方が完全に一致している理想的な親でした。

特に、子どもの失敗に落胆することがありませんでした。

というのも、失敗が成長の糧となることをよく理解していたからです。さらに、子どもの長所をよく把握していました。

長年、塾で多くの保護者と接していると「わが子の長所を見つけられない」と嘆く人もいますが、この母親はわが子の長所をいくつも挙げることができました。

Eさんは好奇心の強い生徒でした。発言の数は多くありませんでしたが、彼女のユニークな着眼点や発想力が、講師の間では高く評価されていました。Eさん本人も、先生たちから褒められることが自信につながっていたようです。

そういった長所に磨きをかけていけば、これからの人生においてどんな困難に直面したとしても、必ず乗り越えられるという確信を常にもっている様子が、母親の言葉の端々に感じられました。

Eさんは好奇心が強い一方で、自分が気になることに没頭しやすいために、学校の宿題や塾の課題などの「やるべきこと」に取り掛かるまでに時間がかかる傾向がありました。取り掛かりが遅いと、親としてはついつい手や口を出したくなりがちです。しかし、この母親は娘の代わりにスケジュールを立てたり、進行具合を管理したりなどということは、一切しませんでした。

Eさんは県立トップ校を目指していましたが、入試本番で力を出し切れず、惜しくも不合格となり、実力相応校として受験していた私立高校に進学することになりました。

千葉県の場合、県立のトップ校の入試では「どれだけミスをしないか」ということが大事になります。同じくらいの学力の生徒がしのぎを削るのですから、一つのミスが命取りになるというわけです。Eさんの場合、それが大きなプレッシャーになったようです。

不合格となったことに対して、Eさんも母親も悔しさをにじませつつも、よい経験になったと感じていることを綴ったお手紙をいただきました。そのお手紙からは、親子の固い絆が感じられ、読んでいて非常に清々しい気持ちになったのをよく覚えています。

やがて彼女は大学受験を迎え、倍率が10倍近い難関私立大学の超難関学部への合格を果たしました。

大学入試では、答えが一つに決まらない問いが論文形式で出題されたそうです。「いかにミスをしないか」という点を試された高校入試では涙を飲んだEさんでしたが、「いかに独自の着眼点と発想力を駆使して論理的に説明できるか」という力が問われた大学入試では、見事難関を突破できたのです。

Eさんが大学に合格した際、母親から「塾で身につけた力をようやく発揮できたと娘が喜んでいる」という旨のお手紙が届きました。

こうして論文形式の出題に対応できる力を身につけられた要因の一つには、母親が娘の長所を信じて伸ばせるように環境を整えてきたことが挙げられます。Eさんの「知的好奇心が強い」という長所をよく理解し、たとえ目の前の課題に取り掛かるのが遅かったとしても急かすことなく見守ってきました。それが功を奏し、Eさんの知性や能力が育っていったといっても間違いはでないと思います。

この母親は、子どもを心から信頼し、子どもの足りない部分よりも、長所に常に目を向けることができている点で、親として理想的な姿勢であるといえます。

【管理しない子育て④】
お互いの人生を尊重できる対等な関係を築いていた親子

自分の人生と子どもの人生を切り離すことができている家庭の例もあります。

この家庭は、両親と大学生の姉と高校受験を控えた受験生の弟という家族構成でした。母親は百人一首の競技かるたを趣味でやっていましたが、練習に打ち込むうちにどんどん腕を上げていきました。その姿を息子のFくんも誇らしく思っていたようです。

ところが、全国大会が息子の入試の時期とちょうど重なってしまいました。その年の全国大会は他県で開催されることになっていました。大切な受験のタイミングで、母親が趣味のために数日にわたって家を空けるというのは、なかなか勇気のいることです。子どもとしても受験はプレッシャーがかかるもので、親が不在の中で受験に挑むのは不安に思うのが一般的だと思います。

しかし、Fくんは母親が大会に向けて努力してきた姿をずっと見てきました。彼は心からお母さんを応援し、全国大会に送り出すことにしました。

この時点で、すでにFくんは親離れができており、母子は対等な関係で向き合っているといえます。この家庭では、親が「子どものために」という理由で自分のやりたいことを我慢する必要がありませんでした。さらに、Fくんは無事に全国トップクラスの国立の高校に合格し、その後、東京大学に進学しました。

この母親は、決して子どもに無関心で趣味に傾倒したわけではありません。常日頃から子どものことをよく見ていて理解していることは、保護者面談の様子でよく分かりました。ただ、子どもの勉強に干渉することは一切していませんでした。面談の場でFくんの勉強の話になると「それは先生のほうから息子に伝えていただけますでしょうか」という返答が返ってくるのが常でした。「子どもの勉強は子どもの課題」というスタンスがはっきりしていたのです。

その結果、Ｆくんの自立心が育ち、受験という子どもにとってはストレスのかかる場面にありながらも、母親の人生を尊重するという選択ができたのではないかと思います。

子どもへの絶大な信頼が子どもの自立を促す

実際に「管理しない子育て」をしていた家庭の実例を紹介してきましたが、最初から「管理しない子育て」を自然に実践してきた家庭もあれば、受験をきっかけにシフトしていった家庭もありました。

いずれの場合にも共通していえるのは、「受験」をゴールとせずに、子どもの人生を長い目で見ていたということです。

人生において、「伸びる時期」というのは人それぞれです。野球選手を例に見てみると、幼い頃から「天才」と呼ばれて注目を集め、甲子園で華々しく活躍し、その後伸び悩む選手もいれば、甲子園には出場すらできなかったのに、高校卒業後に頭角を現してプロ入りし、最終的にはメジャーリーグで活躍する選手もいます。

同様に、高校受験では志望校のレベルに届かずに合格できなかったとしても、進学後に学力が伸びて難関大の合格を手にしたという生徒たちを私は数多く見てきました。「管理しない子育て」をしている家庭では、目の前の「受験」をゴールとしていないので、たとえ志望校に不合格となったとしても、そのこと自体を重大な失敗とは捉えません。

なぜそのような態度を取れるのかというと、その根底にあるのは子どもへの絶大なる信頼です。

多くの保護者と接していると、中にはわが子のことを信頼どころか信用すらしていないケースも見られます。わが子の長所に目を向けることをせず、世間の価値観や自分自身の描く理想像を子どもに投影して、足りないものに対して不安に駆られるといった悪循環の中にいるのです。そこから抜け出せない限り、「管理しない子育て」に至ることはできず、親離れ・子離れもできないまま、子どもの自立を遠ざけてしまいます。

子どもにはすばらしい長所があります。わが子の力を信じてあげてください。今、子どもに干渉してしまっているという方は、まず次のようなことを心掛けることから始めるべきです。

・子どもの課題は子どものものとして切り離すこと（課題の分離）
・わが子の選択を尊重し信頼して、心から応援すること

百人一首の競技かるたに打ち込んでいた母親は、子どもの高校受験は子どもの課題であると切り離し、普段からそのスタンスを貫いていました。子どもと接する時間の多い母親は、子どもが勉強していない姿が目に入ってくれば、ついつい口を出したくなるかもしれません。しかし、そこはぐっと我慢して、子どもの力を信じるべきです。

子どもの個性がさまざまであるように、子育てにも決まった正解はありません。万能なハウツーがあるわけでもありません。本質を理解したうえで、自身の頭で考える必要があります。

最終的に困るのは誰なのかをはっきりさせる

こういった話をすると、「先生のお話を聞いて『勉強しなさい』と言わないようにしようとしていたのだけれど、やっぱり子どもの将来が心配にはなるのでストレスがたまるん

です」と言う親がいます。

面談では、「先生のほうから勉強するように言ってもらえないでしょうか。私から言っても効果がないので困っていて……」と頼まれることもありますし、「成績が悪くていける高校がないかもしれなくて困っているんです……」という嘆きを耳にすることもあります。

そんなとき、私は親に次のような問いを投げかけています。

「それで、ご自身が困ることってありますか？」

そうすると、「子どもがいつまでも自立せずに家にいられたらイライラします」「子どもが経済的に厳しい生活を強いられたらどうしようと不安に感じます」などといった答えが返ってきます。

いずれにしても、突き詰めて考えてみれば、最終的に困るのは子ども本人であって、親ではありません。

親が「困っている」というのは、ご自身のエゴの部分に他なりません。子どもの成績が悪いと自分の育て方が悪いと言われそうで肩身が狭いとか、成人した子どもが働きもせず家にいるのは外聞が悪いとか、そういったものはすべて大人のエゴです。

このようなエゴが生じるのは、親の人生と子どもの人生が近づき過ぎているからです。親の人生と子どもの人生を切り離すことができていれば、困ることはないはずです。

親と子どもは運命共同体ではないということを改めて自覚すべきなのです。

「子どものために」ではなく「自分の人生のために」

「管理しない子育て」を実践している家庭では、子どもに何かを無理強いすることがありません。Ｃくんの両親がゲームを禁止することがなかったように、また、Ｆくんの母親が勉強は子どもの課題としてまったく干渉しなかったように、何かを禁止したり強要したりすることがないのです。

そのような態度が「子どものために」という考えからきているのではなく、「自分の人生のために」という考えに由来しているという点で特徴的です。

「子どものために」という親の考えは、愛情に溢れたものであり、すばらしいものです。しかし、子どもの立場から見ると、「子どものために」という言葉の背後に、親のエゴが透けて見えることがあります。

例えば、「ゲームばかりしていて勉強しないから〝子どものために〟ゲームを禁止する」という場合、それは結局子どものためにはなっていません。ゲームばかりしていて勉強しないために成績が下がり、志望校に不合格になってしまうのではないかという先行不安があり、無意識内で子どもがゲームをしている姿を見たくないという衝動に駆られているのです。

大人のエゴを察知した瞬間、子どもは信頼されていないと感じて、自己肯定感が下がり、親から心が離れていきます。

子どもが成人してからも、親の人生には数十年という時間が残されています。誕生から膨大な時間とエネルギーを子どものために注いできたはずです。しかし子どもの中学校入学あたりを目安に、その時間とエネルギーをご自身のために使うようにシフトしていくと、それが結果的に子どもの自立につながります。親が自分の人生を楽しみ、自身と子どもの課題の分離ができれば、子どもの中で自分の課題は自分のものとする当事者意識が芽生え、自立の道筋ができていきます。

子育てが生きがいであり、唯一の趣味のようになっている方は、まずは自分の趣味を見つけることから始めるのがよいかもしれません。それも、「子どもの自立のために」ではなく「自分の人生のために」という視点で考えることが大切です。

第2章で紹介したエリクソンのライフサイクル説を基に考えたとき、自身の人生は今どの段階にあるのかを考えてみてください。子どもが巣立ち、ステージ8の成熟期に入ったとき、自我統合感を得て、幸福感に包まれながら人生の幕を閉じるのか、それとも絶望感に打ちひしがれながら一生を終えていくのか。今、その分かれ道にいるといっても過言ではありません。

受験は自立のきっかけにもなる

Dくんの家庭では、受験がきっかけとなって父親が気づきを得て、「管理しない子育て」へ大きく舵を切ることができましたが、受験が家庭での子育てに及ぼす影響は大きなものがあります。

特に昨今の中学受験において、大手進学塾では親子二人三脚が当たり前のように推奨されています。親が学習スケジュールを管理したり、塾から出された課題をチェックしたりするのはもちろん、模試では結果を眺めるだけでなく、問題文まで逐一目を通すように指導されることもあるようです。食事や睡眠にも気を配り、当日を万全の状態で迎えられるように親が細やかに気を配る……。このような親の行動は典型的な「管理する子育て」の典型例です。

ここまで徹底的に管理していると、子どもは親に管理されなければ勉強せず、学ぶ楽しさを感じることもできません。自分の考えを表明する機会もなく、自立は促されません。また、親のほうも子どもの受験のことに全力投球するあまり、中学受験が終わった途端に親が「中学受験ロス」で心身のバランスを崩すというケースもあります。

私立の中高一貫校の校長先生が入学式で「今日で子育ては終わりです」と語りかけたのは、このような中学受験の事情を踏まえたものだったと考えられます。中学受験では、受験するのが小学生なので、親の干渉もある程度は仕方ないという面があるかもしれませんが、高校受験になると事情が変わってきます。

中学まで地元の公立の学校に通っていた子どもであれば、高校受験の段階で初めて、どの学校を受けたいのかを自分で考え、自分の意思を表明するということを経験することになります。受験を通して、「合格」「不合格」という形で、白黒はっきりした結果を突きつけられるのは、子どもにとって大きなストレスです。その不安を抱えながら、子どもたちは受験に挑んでいかなければなりません。

自分の目標を定め、それに向けて計画を立て、コツコツと努力していく。その過程は、自立のための大切なステップでもあります。ここで親が干渉し過ぎてしまうと、子どもは自分で決めることや自分の考えを言うことを放棄し、受動的な姿勢を取るようになってしまいます。Dくんのように父親が主導して受験に臨もうとしていた家庭では、まさにそのような状態になっていました。

それでも、親が途中で自身が管理し過ぎていたことに気づいて対応を変えれば、子どもは柔軟に変化します。受験は、できれば避けて通りたいものという考え方もあるかもしれませんが、本当は自立のきっかけにもなるのです。

「教えない勇気」をもつ

子どもに干渉し、細かく指示をすることはもちろん、学校に関することに親が口を出し過ぎることや、親が主導で塾や習いごとに通わせることも、すべてが過剰な管理に当たります。これらによって、子どもへの情報の供給が過多になり、子どもは自分で考えなくなると自覚することが重要です。

私が塾講師として普段から心掛けているのは、「教え過ぎることによる弊害」を常に念頭においておくことです。なんでも手取り足取り懇切丁寧に教えていると、生徒のメタ認知機能を埋没させ、子どもを依存させてしまうからです。

メタ認知の「メタ」には「高次の」という意味があります。メタ認知とは「認知（＝考える・感じる・記憶する・判断する）していることを認知する」ということであり、メタ認知能力とは自分が能動的にしている言動を、もう一人の自分が客観的な立場から調整したり調和したりする能力を指します。簡単にいえば「今この瞬間、自分は何が分かっていて、何が分かっていないのかを主体的に判断し、行動する力」です。

メタ認知機能が埋没している典型的な例として、生徒が授業中にノートを取る際の行動が挙げられます。

講師が板書する際には、主にホワイトボードに黒のマジックで書き、重要なところは色を変えて書きます。そうすると、大半の生徒は先生が赤いマジックを使ったところは赤のペンで、黄色のマジックを使ったところは黄色で書き写していきます。

あるとき、私はあえて金色のマジックを使ってみました。

その途端、1人の女子生徒が周りをキョロキョロと見回し、

「ねぇ、金色のペン持ってない？」

と小声で隣の席の生徒に聞き始めました。

これは、まさにメタ認知機能が埋没している典型的な例です。講師が板書する際にマジックの色を変えるのは、重要なポイントを際立たせるためです。したがって、色で書かれた言葉が重要であるということが分かればよく、ノートに書く際はどんな色のペンを使っても構わないのです。それにもかかわらず、先生の書くとおりに写そうとするのは、私の経験上典型的なメタ認知機能が埋没している例で、そのような状態の生徒は成績がなかなか伸びません。板書を取ることが目的になり、勉強した気分だけが残ります。先生が教え過ぎることで生徒が自身のメタ認知能力を活性化させる機会を奪い、惰性で勉強するという状況を助長させてしまうのです。

メタ認知能力を養うために、家庭でできる簡単な方法には、例えばこんなものがあります。

冷蔵庫の中身を一緒に見ながら、

「今日の夕ご飯はカレーにするから、足りないものを買ってきてくれる?」

と子どもにお願いしてみるのです。カレーに必要な材料にはどんなものがあって、どれが足りないから、どこのお店でどれだけ買ってくればよいのかといったことを考えて、お使いをしてきてもらいます。言われたことを言われたとおりにこなすのとはまったく違う頭の使い方が求められるので、メタ認知能力を鍛えるためのトレーニングになります。料理に限らず、このように自分の頭で考え、判断する経験を家庭でも積み重ねていくことは、メタ認知能力を活性化させ、子どもが自立していくうえで必要な力を養うことに役立ちます。

このようにメタ認知能力を養える環境を整えたうえで、大人がどこまで教えるのか、どこから子ども自身に考えさせるのかを適切に線引きする必要があります。

しかし、その線引きは非常に難しいものです。

私は授業中、常に生徒とコミュニケーションを取り、生徒の理解度を把握してメタ認知機能が働いているかどうかの判断基準にしています。コミュニケーションというと、「普段から親子で会話をしているので、うちはちゃんとコミュニケーションが取れている」と思う方もいるかもしれません。しかし、本当に子どもが本音を語れるコミュニケーションが取れているとは限らないのです。

Dくんの例でいうと、当初父親は「息子のことは自分がいちばんよく分かっている」と考えていました。しかし、Dくんは自分の考えはありつつも、それを通すことはできず、「父親が言っているから」という理由で進路を決めようとしていたのです。

いつも会話をしているからうちは大丈夫と判断する前に、普段のコミュニケーションのあり方を振り返ってみてください。親が無意識に自分の理想像を子どもに押し付けるあまり、子どもが自分の本音に蓋をしていないか、注意深く観察してみる必要があります。

時には子どもに反論させることも大事です。

塾にはいろいろな生徒がやってきます。なかには、いつもニコニコしていて、勉強も頑張っている、模範的な優等生の生徒もいます。そういった生徒も、受験を前にするとストレスを感じ、行き詰まることがあります。そんなときには、面談の場でわざと怒らせるような言葉がけをして、感情を表現させるようにすることがあります。そうすると、今まで見て見ぬふりをしていたことや、蓋をして見ないようにしていたことが湧き上がってきて、本人も親も見たことのなかったような振る舞いや言葉が姿を現すことがあります。

そのようなタイミングこそ、自分の頭でしっかりと考えるチャンスです。子どもはもちろん、親も子どもに対するストレスを単なる怒りの感情だけで解消するのではなく、自分自身の価値観の背景に気づくチャンスでもあり、価値観をアップデートする絶好の機会にもなります。

第5章

親も子も自立した対等な関係こそ親子の理想像

「課題の分離」で対等な関係を築く

自立した子どもを育てるには、親も子どもから自立する必要があります。つまり「子どもが勉強すること」は親の課題ではなく、子どもの課題であると明確に線引きすることが必要なのです。百人一首の競技かるたに没頭していたFくんの母親は、その線引きが見事でした。

この「課題の分離」は、アドラー心理学の基本です。

例えば、「子どもが勉強しない」という課題に対して親が介入することは、多くの家庭で当たり前のように行われています。その場合、子どもの課題は「勉強すること」で親の課題は「子どもに勉強させること」と捉えられています。

しかし、アドラー心理学の「課題の分離」の考え方では「課題に対する選択によってもたらされる結末を、最終的に誰が引き受けるか」という基準で判断します。この例でいうと、「勉強をしない」という選択をしたときに起こる結末を引き受けるのは誰なのかということです。

宿題をやっていかなかったことで先生に叱られるとか、受験勉強に打ち込まなかったことで希望の学校に入れないとか、そういった結末を引き受けるのは、他ならぬ「子ども」自身です。

親としては、子どもがそんな事態に陥るのはかわいそうと考えて、「子どものために」介入しようとしますが、実は自分自身のためであるということは繰り返し述べてきました。例えば、子どもが学校で落ちこぼれてしまったら、周囲の目が気になって親が恥ずかしいとか、逆に偏差値の高い学校に入学してくれたら親として誇らしいとかいう感情が背景にあることがあります。世間体を気にしたり、子どもをいつまでも支配し続けたいという欲求が無意識の中にあるのかもしれません。

イギリスに古くから伝わることわざに、次のようなものがあります。

You can take the horse to the water, but you can't make him drink.
(馬を水辺に連れて行くことはできるが、水を飲ませることはできない)

親は子どもを水辺に連れていくことはできるが、最終的に水を飲むかどうかは子どもの課題であるという意味です。我々のような教育関係者は子どもをいかにのどが渇いた状態にするかが課題になります。水を飲む意志のない子、いわゆる当事者意識が欠けている子に環境を与えたところで、親が期待するような結果は得られません。

一方で、子どもに当事者意識がある場合は、環境さえ与えておけば、自分の判断でその環境を活用するようになります。

これまでに４０００組以上の親子を見てきましたが、子どもの課題に対する親の関心が高ければ高いほど、子どものモチベーションは学年が上がるにつれて下がっていくという傾向があります。

子どもからすると、自分の課題に土足で踏み込んでくる大人に対して、無意識のレベルで嫌悪感を抱いているということがあるのだと思われます。親は親のやるべきことをやり、子どもは子どものやるべきことをやるという棲み分けができている家庭は、親子が対等な関係を築いています。そういう家庭では、基本的に親は子どものやるべきことに対して「助言」はしますが、「介入」はしません。

「介入」というのは、子どものやるべきことを親が決めることで、「助言」と「介入」の違いは決定権がどちらにあるのかということです。子どもは親の「助言」を一つの選択肢としては受け入れますが、最終的な決定は子どもに委ねられています。

つまり、自立した子どもと親との対等な関係とは、子どものやるべきことに対して、決定権を子ども自身がもっている状態ということになります。そして、仮に失敗したときには、親が子どもに寄り添い、なぜその判断が良くなかったのかという「助言」を親が自然に行える関係のことです。

「プラス査定」でリビドーを成長につなげる

親子が一対一の人間同士として対等な関係を築こうとするとき、アドラー心理学の基本である「課題の分離」の考え方を知っていると大いに役立ちます。この他にも、アドラー心理学は「管理しない子育て」をしていくうえで、参考になる点がたくさんあります。

例えば、「原因論ではなく、目的論で考えることによって問題が解決できる」という目的論の発想です。

心理学者のアルフレッド・アドラーは、原因論を主軸にして精神分析学を発展させたフロイトの共同研究者でした。しかし、根本的な考え方の違いから最終的には袂を分かつことになりました。

確かに原因論で考えて問題を解決する必要がある場面もあります。その一方で、アドラーの唱えた目的論の発想で、潜在意識を浮き彫りにすることが必要な場合もあります。

子どものことを心配するのは親としては当たり前のことです。しかし、「心配する」という行為は、子どもにとってあまりプラスに作用することはありません。むしろ信用されていないというネガティブな感情を抱くことにつながります。

例えば「子どもは自分から勉強しないから心配」という親がいたとします。もし、その子どもが自分から勉強できるようになったとしてもさらに別な心配が生じます。この場合は、心配の原因が「自分から勉強しない」のではなく、「親が子どもの心配をいつまでもし続ける」ということが目的になっていると考えられます。

このように原因論ではなく目的論で考えることで、心配の背景に何があるのかを深く考察する機会に恵まれます。つまり親は子どもの心配をし続けるために、知らず知らずのうちに心配の種を自らつくり出そうとしてしまうということになります。その結果、子どもは「親がいつまで経っても自分のことを信頼してくれない」と感じ、「自分はダメなのかもしれない」という気持ちになってしまいます。それでは子どもの自己肯定感は育ちようがありません。

アドラーは「人間はもともと劣等感というものがリビドー（無意識の中で抑圧されたエネルギー）になっている」と主張しています。つまり、プラス査定で接することでリビドーをうまく成長につなげていくことができるのです。

褒めることと叱ることの是非

「管理しない子育て」に、アドラー心理学が大いに役立つことは確かです。

しかし、「褒める」「叱る」ということを一切否定している考え方には、私自身すべて賛同できるわけではありません。アドラーは、褒めることや叱ることによって、立場が上の人と下の人という縦の関係ができるとし、横の関係、いわゆる対等な関係を強調して、褒めることや叱ることを否定しています。

私は褒められることによってやる気が上がり、実力を伸ばした生徒や、叱られることによって我に返り本来もっていた実力を開花させることができた生徒をたくさん見てきました。

先日、こんなことがありました。

ある教室から生徒を叱る声が聞こえてきたので、気になって覗いてみると、普段は穏やかな男性講師が、生徒に対して感情をあらわにして叱っていたのです。意外に思って耳をすませてみると、クラスの生徒に対して、

「君たちは高い能力をもっているのに、授業中にふざけるばかりでそれを磨くこともせずに発揮できていないのが僕は悔しい。自分に高い能力があることをもっと自覚するべきだ」

と、言葉の端々に本気の感情をにじませながら語っていました。

叱られている生徒の表情を見てみると、その講師の発言が心に響いているのが私にはよく分かりました。実際に、叱られた生徒はすっかり態度を改め、勉強に打ち込んで実力を伸ばしています。彼にとっては、あの日先生が本気で叱ってくれたことで我に返り、人生における大きな転機の一つとなったはずです。

私自身も、子どものころに叱られたことで我に返った経験があります。

普段優しくて穏やかな先生が、自分への愛情から本気で叱ってくれたことで、子どもには強烈なインパクトが残ります。家庭の場合、両親で役割分担をして、普段は厳しく接しているほうが褒めたり、優しく接しているほうが叱ったりといったメリハリをつけるとよい効果を得られることが多いです。

褒め方や叱り方は、子どもの個性に合わせて工夫する必要があります。褒められることに慣れていない子どもは、急に褒められると「何か裏があるのではないか」と疑心暗鬼になることもあります。そんな場合は「先生が面談で~と言っていたよ」などと、第三者の言葉を伝えるのも効果的です。

逆に、叱るときには第三者の言葉を使うのはまったくの逆効果です。直接叱るようにすべきです。

今までの指導経験から、褒めることは自己肯定感を引き出す大きなきっかけになり、叱ることで我に返り、地に足をつけて行動する転機になることを私は実感しています。

もし、褒めたり叱ったりする行為によって、アドラーが説く「対等な関係」が一時的に失われたとしても、子どもたちの成長の度合いを見ていると、褒めることや叱ることは有効であると私は考えています。

子どもの可能性を最大限に引き出す「伸びしろ理論」

私の経営する塾では、開校してから40年にわたって大切にしてきた考え方があります。それが「伸びしろ理論」です。これは、子どもの長所に注目することで、子どものモチベーションを引き上げると同時に、子どもが自らの問題点に主体的に目を向けるようにする手法です。私たちはこの伸びしろ理論に基づいて、基本的に生徒を「プラス査定」しています。

一般的に、塾講師や学校の先生は、原因論と決定論で子どもを評価する傾向があります。例えば、ある生徒が数学の成績が悪かったとします。そうすると、勉強時間が足りなかったのではないかとか、演習が足りなかったのではないかとか、ある特定の分野の知識や技能が身についていなかったのではないかといった具合に、原因を分析しようとします。そしてどれか一つに原因を絞り、問題を解決しようとするのです。もちろん、そのやり方でうまくいくこともあります。実際に、私自身も原因を分析することを仕事の中心として考えていた時期もありました。

しかし、当時、創業者の管野によく言われたのは「原因を一つに決めつけるのはよくない」ということでした。

塾の講師や学校の教員は、保護者よりも生徒の学力が伸び悩む原因を明らかにするための知識や経験を豊富にもっています。だからこそ、専門家として保護者から頼られるのだと思います。ただ、原因を一つに絞りそれと決めつけることをし続けると、子どもを決定論で指導するようになり、結果として子どもが本来もっている潜在能力の芽を摘んでしまうことになります。

進路指導でよくありがちなのは、「あなたの模試の結果を見ると、今の偏差値は○○だから、A高校に合格する確率は▲▲%です。だから志望校を変更してB高校を目指したほうがよいでしょう」などといったアドバイスです。このような指導は、原因論的指導の蓄積によって出来上がった決定論の典型であるといえます。そして私自身「模試の結果はあくまで1カ月前の姿であり、我々は子どもたちの今この瞬間にフォーカスするべきである」という感情が湧き上がってきます。

私たちの塾では、原因論的指導とは正反対の指導を行ってきました。「伸びしろ理論」に従って、生徒の長所に目を向けるということを徹底的にやってきたのです。

もし、自分が指導している教科でプラスの材料が見つけられなければ、他の教科の先生と情報交換をして、プラスの材料を探すようにしてきました。例えば、「この生徒は数学には苦手意識があって成績が振るわないが、他の教科を見てみると、国語では高い点数を取り続けているし、独自の着眼点をもっている」といった情報を講師間で共有し、生徒本人にも長所のフィードバックを繰り返し行います。

すると、やがて生徒本人が「国語のテストで高い点数をキープし続けているということは、トップ校に合格できる能力が自分にはあるはず。他の教科も適切な学習法で努力していけば、必ず学力は伸びる」という自信をもつようになります。そのように本人が自信をもてるようになると、成績も飛躍的に伸びていきます。

モチベーションについては、次のような式が成り立つと私は考えています。

モチベーションの高さ＝目標に対する魅力×手段保有感

「手段保有感」というのは、このやり方やツールで努力を続けていけば大丈夫だと思える感覚のことです。自分に対する自信と手段保有感は、プラス査定をベースに行う指導で培うことができます。これに加えて、目標とする高校の魅力を十分に伝えることで、生徒は自ら「自分はこの高校に通うのだ」という当事者意識をもつことができます。そうすると、成績は自ずと伸びていきます。

模試の時点では合格の確率が60％のラインを下回っていても、自分を信じ、正しいやり方で努力し続けた結果、そこからさらに伸びて、本番でも十分に実力を発揮して、見事合格を勝ち取った生徒をたくさん見てきました。

もし、決定論に結びつくような原因論的なアプローチだけで生徒を指導していたら、その生徒のうちの何割かは、「今の成績では合格は難しいから、志望校を変えたほうがよい」と言われ、自分の志望校を受験することすら諦めていたはずです。

そうすると、子どもたちには次のような悪影響があります。

・本来伸びるはずの可能性を失う
・モチベーションが下がる
・自分自身を客観視できず、いつまで経っても依存的な学習から脱却できない

先生としての指導経験が長ければ長いほど、過去の経験からつくりあげた理想像があり、そこからマイナス査定で生徒を見てしまいがちです。しかし、生徒の長所に目を向けるプラス査定を中心に据えて生徒と接することで、子どもの主体性とモチベーションを引き出すことができます。

これは、家庭での子育てでも同じことがいえます。

上の子の子育ての経験から理想像をつくり上げ、下の子をその理想像と比べてマイナス査定をし、「お兄ちゃんは○○だったのに……」などと比較をしてしまえば、子どものモチベーションを下げることになり、子どもが本来伸びるはずだった可能性を親がつぶしてしまうかもしれません。

ここまで述べてきたように親が子どもの長所に注目することで、「この子なら、将来ど

んな困難に直面しても乗り越えられる」とわが子を心から信頼できるようになります。そうすると、「親に信頼されている」と感じ、子どものモチベーションは上がります。同時に、子どもは主体的に自身の問題点に目を向けられるようになっていきます。それと並行して子どもの中に「自分の人生は自分のものである」という当事者意識が芽生え、自分の頭で考えて行動できる「自立した子」へ育っていきます。

わが子の長所が思い浮かばないという方は、ぜひ「振り返りシート（60ページ参照）」にじっくり取り組んでみてください。実際にこれまでの子育てを振り返って自らの手で書き出すことで、潜在意識が浄化され、ネガティブな記憶がポジティブに書き換えられていくはずです。

先行不安が浮かんできたときには

本書で紹介してきた内容を頭では理解できたとしても、ふとした瞬間に先行不安が浮かんでくることはあるかもしれません。

そんなときに役に立つ考え方が、禅宗の一派である曹洞宗の開祖である道元の著した

『正法眼蔵』の中にありますので紹介します。
同書には、「今」を生きることの大切さを説くために、こんな話が書かれています。原文も載せておきますが、古文が苦手な方は現代語訳から読んでいただいて結構です。

現成公案　原文

たき木、はひとなる、さらにかへりてたき木となるべきにあらず。しかあるを、灰はのち、薪はさきと見取すべからず。しるべし、薪は薪の法位に住して、さきありのちあり。前後ありといへども、前後際斷せり。灰は灰の法位にありて、のちありさきあり。かのたき木、はひとなりぬるのち、さらに薪とならざるがごとく、人のしぬるのち、さらに生とならず。しかあるを、生の死になるといはざるは、仏法のさだまれるならひなり。このゆゑに不生といふ。死の生にならざる、法輪のさだまれる仏転なり。このゆゑに不滅といふ。生も一時のくらゐなり、死も一時のくらゐなり。たとへば、冬と春のごとし。冬の春となるとおもはず、春の夏となるといはぬなり。

【現代語訳】

薪（たきぎ）を燃やせば灰になる。一度灰になったものが薪に戻ることはない。しかし、灰が後であり、薪が先であると理解してはいけない。薪は薪であることによって薪以外の何物でもなく、その前後の姿があったとしても、それらは続いてはおらず途切れている。つまり、実在する時間は「今」以外にない。途切れた「今」が連続することによって、時間はまるで進んでいるかのように感じられるだけで、実際に存在する時間は常に「今」の他にない。

灰もまた同じで、今この瞬間において灰は灰以外の何物でもない。「薪の後の姿」というわけではないのだ。薪が灰となってから再び薪に戻ることがないように、人が死んだ後に再び生きている人になることもない。生が死になると言わないのは、仏法において当たり前のことである。そのため「不生」という。

また、死が生になることはないという真実も、仏法を説くうえで定まっている。だから「不滅」という。

生とは線ではなく、生きている今この一点を示す言葉であり、死もまた、死んでいる一点を示す言葉である。

それは、季節の移ろいを例にすると分かりやすい。冬が春になるという移ろいを、冬というものが春というものになったのだとは普通考えない。春というものが夏というものになったのだともいわない。冬が春に変化したのではなく、「今、春である」というより他に、季節を言い表すことなどできないのである。


長くなりましたが一言にまとめると、「現在に意識を向け、今この瞬間をしっかり生きる」ということになります。

スティーブ・ジョブズもこの考え方に影響を受けたといわれており、かく言う私自身もこの考えに助けられたことが多々あります。今に至るまでの子育ての記憶という「過去」に縛られていたり、子どもの「未来」のことを考え過ぎて不安が生じたりするときには、ぜひこの薪の話を思い出し、「今」に意識を向けて子どもと向き合ってみてください。

最近、この道元の思想を体現していると感じたのが、ピアニストの「ハラミちゃん」です。彼女は街角に設置されているピアノを使って、聴衆のリクエストに応えて即興演奏をする様子をYouTubeにアップし、それが世間の注目を集めました。彼女が一つひとつの音を愛おしそうに演奏している様子は、まさに「今、この瞬間を大事に生きよう」という姿勢を全身全霊で体現しているように見えます。ハラミちゃんは音楽大学を卒業したものの、一度はピアニストの道を断念し、会社員として働いていた時期もあったそうです。ピアニストになるという未来の目標が強すぎる一方で、上には上がいるという現実を突きつけられ、自信をなくしたそうです。しかし、再び音楽の世界に戻り、一音一音を噛み締めるかのように演奏していくハラミちゃんの姿は、多くの人の心を震わせます。

「今、この瞬間を楽しむ」ということは、無計画な刹那主義なのではないかと思われるかもしれませんが、それでよいのではないかと私は考えています。なぜなら、その「今」の積み重ねの先に、幸せな未来が立ち現れるからです。未来や過去という軸を設定することでそれらに執着して、まだ起きてもいないことに不安を感じる必要はないのです。

子育てに唯一無二の正解は存在しない

近年、勉強熱心な親が以前よりとても増えている感じがします。また、教育関係の仕事についている親もよく目にします。そういった親の中には、子育てに自信をもっている方も数多くいます。特に、上の子どもの子育てが思いどおりにできた場合はそれが自信となり、同じやり方を下の子どもにも当てはめようとして、うまくいかずに行き詰まることがあります。

なぜ行き詰まるのかといえば、「子育てには、最も理想的な方法が一つ存在する」と思い込んでいるからです。勉強熱心なあまりノウハウ本を数多く読み漁ったり、教育関係の仕事に長く携わっていたり、上の子どもでうまくいった経験をもっていたり……。そういった親は「唯一の理想的な接し方」にこだわりがちです。自分の信じる方法に子どもを無理やり当てはめようとするものの、うまくいかず、その結果ストレスを抱え込んでしまうのです。

例えば「子どもを東大に入れた母親の子育て法」とか、「天才を育てるために親がやるべきこと」といったノウハウ本は、世の中に溢れています。そのような本を参考程度に読むのであれば、親のモチベーションを上げるのに役に立ったり、有益な情報を得られたりすることもあります。しかし、その本に書かれていることを金科玉条にして、これこそが唯一の正解であると捉えてしまう親も数多くいます。本書で述べてきた言葉に言い換えると、無意識ではなく意識の力に頼っているのです。

書店で、子育てに関する成功体験の本が数多く売れ続けている理由は、子どもは一人ひとり異なるので、本に書かれていることをそのとおりにやってもうまくいかないからです。その結果「理想的な子育て法」というノウハウを求める需要は枯れることはなく、教育に関するノウハウ本が次々と出てきます。学びの3つのステップで話した「つながり」を意識し、自分なりのノウハウを創出するという目標を掲げてみてください。本質を理解しながらさまざまな考えを自分なりに紡ぎ取っていく中で、親自身の新たな発見があるかもしれません。いわゆる「大人の学び」につながるのです。

また、ノウハウ本に傾倒することの悪影響として、欠乏欲求が増長するということもあります。本の中に書かれているキラキラした「理想像」と比較して、自分の子どもの足りないところばかりが目につき、あれもできていない、これもできていないと、マイナス査定と欠乏欲求のスパイラルに陥ってしまうのです。これでは子どもだけでなく、親としての自己評価も下がってしまいます。

もし、今そのような状態になって「子育てがうまくいかない」と感じているなら、子どものよい部分に主体的に目を向けるためにはどうすればよいのかを考えるべきです。そもそも「うまくいかない」と思っていること自体が正しいとは限りません。自分が勝手につくり上げた理想像からの引き算によってそう思っているに過ぎないのではないか、思い込みに捉われて見落としていることがあるのではないかといったことを、一度立ち止まって考えることから始めてみてはどうでしょうか。

子どもが巣立ってからのことを夫婦で考える

子どもが生まれた途端、夫婦の会話が子どものことばかりになって今に至っているという家庭は多いと思います。「子は鎹《かすがい》」とはよく言ったもので、子どもは夫婦の間を取り持ってくれたり、なかにはいつの間にか、子どもを介して夫婦のコミュニケーションを取っているような状態になっている家庭もあるかもしれません。

ただ、いずれ子どもは巣立っていきます。そうなったときに夫婦の関係が破綻しないためにも、今のうちから自分たちの人生を整えておくべきです。それぞれが打ち込める趣味をもち、子どもが自立してからの人生を楽しめるようにしておくことが大切です。その結果、醸し出される楽しそうな雰囲気は、良い影響として子どもにも伝わります。

子どもは親の姿をよく見ています。まずは今、家庭の空気がどんな状態なのかを夫婦でともに考えてみてください。そして、家庭内の空気を良くするための役割分担を明確にし、子どもの承認欲求を健全な形で満たしましょう。

Dくんの例では、当初、父親が主導でレールを引き、子どもに発破をかけていました。一方で、母親は表立って発言することはほとんどありませんでしたが、陰で支え、父親が言い過ぎるような場面があれば、フォローする様子がうかがえました。そういった役割分担がされていたから、Dくんは父親が主導となっていたときにも、心が折れることなく頑張ることができていたのかもしれません。

両親が仲良くしていることを喜ばない子どもはいません。子どもが中学生になるタイミングは、子離れのステップを進めるのと同時に、夫婦のあり方を改めて見直してみるよい機会でもあります。ただ、その際には「子どものために」という理由から取り組むのではなく、自身の人生を豊かにするという観点から取り組むことが大切です。

自分の親から受け継いだ価値観を時代にあったものへとアップデートする

思春期の子どもとの向き合い方について、思春期の分類で例に挙げたピーター・ブロスの考えを用いて説明します。

子どもは親から受け継いだ価値観を時代にあったものへとアップデートさせる必要があります。これが自立の最初のステップです。そこから派生する親から見て違和感のある子どもの行動は、法に触れるようなことでなければ、すべて子どもの自立に役立つと割り切ります。子どもが最終的に何を取捨選択し、自分の一部としていくのかは、その子どもが選び取ることだと考えます。そこに親は直接介入することはできません。これについては、アドラー心理学の課題の分離に通じるものがあります。

しかしながら、子どもの価値観の原型は親から引き継いだものであることは間違いありません。信頼関係で結びついた親から、愛情をもって励ましてもらったり、褒めてもらったり、慰めてもらったり、認めてもらったりした経験は、子どもの心の中に根づき、子どもの一部分となります。それは、将来子どもを前進させる原動力になります。

親離れが始まると、親は子どもをしつけることはほとんどできなくなります。しかし、子どもは親の姿を見て意識的・無意識的に、親の考えを自分の中に取り入れています。「人の振り見て我が振り直せ」ということわざがありますが、親の振る舞いを自分に取り入れているというわけです。知らないうちに、尊敬する人や好きな人の身振り・手振りがうつるという経験をしたことがある人もいるかと思います。これを「同一化」といいます。

もし、誠実な子に育ってほしいと思うなら、「誠実になりなさい」と言葉で伝えるのではなく、親自身が誠実であることが大切です。あるいは、自分の意見をきちんと言えるようになってほしいと思うなら、「自分の意見をきちんと言いなさい」と言うよりも、家庭で両親がお互いに意見を自由に言い合うことが大切なのです。

つまり、親は自分の言動を通じて、子どもの「同一化の対象」になることができるのです。

一方で子どもが「親と違う自分自身」をつくり上げていくためには、家庭外のさまざまなものを吟味しながら取捨選択して、自分の一部にする過程が必要です。ここでポイントとなるのは、子どもが自分で取捨選択できるようになることです。特に思春期では、親が目くじらを立てたくなるような、家庭外からの情報に興味をもつこともあります。しかし、自分の人生を前向きに押し進める力が子どもの中に育っていれば、時には遠回りしながらも自ずと良い方向に進んでいくに違いありません。

この話をすると、「私は子どもの幼少期に十分な愛情を注いだか、自信がないです」と不安になる方もいます。

しかし、子育てというのは大変な仕事です。「親」といっても一人の生身の人間なので、子どもに対して常に優しくて温かい対応ができる素敵な親でいられることはまずありません。人間には長所もあれば、当然、短所もあります。親があまりに完璧さを追求し、反省や心配ばかりしていると、子どもは不安になり、子どもに対してマイナスの影響を及ぼすことになりかねません。

親も完璧な存在ではない

幼い頃、自分の親が絶対的で完璧な存在に見えた方も多いはずです。しかし、自分が実際に親になってみると、決してそんなことはないということに気づかされます。

それにもかかわらず、完璧な親であろうと肩に力が入っている保護者の方に出会うことは珍しくありません。会社で、良い上司であろうとしたり、優秀な社員であろうとして、懸命に努力してかぶってきた仮面が家でも外せなくなってしまうということは、エリート街道を進んできた父親に多いようです。心理学的にこの仮面をペルソナと呼んだりしますが、自分に合っていないペルソナをかぶり続けることは心の疲労につながります。

それだけではありません。子どもの心が親から離れるのは、親の言動に矛盾を感じた瞬間です。子どもは感受性が優れているので、親のペルソナと言動に矛盾があれば敏感に感じ取ります。特に親が心の中で思っていることと言っていることに齟齬がある場合、子どもはそれを見抜きます。親も人間ですから、感情的に叱ってしまうこともあります。自分が完璧であろうとしたり、自分の考えどおりに子どもをコントロールしようとしたりして、つい上から目線で叱ってしまうこともあります。そんな場合、自分が悪かったと思えば謝り、そのうえで、なぜ厳しく対応したのかを話すことが大切です。自身の失敗談や今この瞬間の悩みなどを、子どもに対して相談してみるのもよいと思います。大人が手の内を明かすことによって、子どもも側も大人に相談しやすい環境が出来上がります。常に親という仮面をかぶり続けて窮屈な毎日を過ごすことは、子どもに対しても窮屈な思いをさせることになります。思い切って仮面を外してみることも時には必要なのではないでしょうか。

私自身も教壇に立つ中で、自分が間違えたと思えばすぐに謝ります。生徒たちとの真剣勝負の中で、自分に弱い部分があれば認め、自分が悪いと思えば謝ります。生徒たちとそういうやりとりを繰り返していく中で、人間として対等な関係が出来上がるのです。「子ども扱い」するのではなく、一人の人間として、時には子どもに頼ってみる場面をつくることで、対等な関係が生まれるようになります。対等な関係が芽生えてくる中で大切なのは、助言はするけれど介入はしないということです。仮に親のアドバイスと違う選択を本人がしたとしても、それはその子の選択として受け入れてください。なぜなら私たち大人も完璧な存在ではなく、答えが一つに決まらない「子育て」という問いに挑んでいるのですから。

子どもと対等な関係を築き、生涯ともに歩んでいくために

生まれてから多くの経験をともにし、一緒に一喜一憂してきた子どもが離れていくことは寂しいことです。「子離れしたいけれど、なかなかできなくて……」と語る親の中には、

そういった感情が強く根づいているはずです。

しかし、親離れ・子離れしたからといって、親子の絆が切れるわけではありません。例えば、大学進学などで物理的な距離ができた分、子どもは親のありがたみをしみじみと感じて感謝するようになることもあります。むしろ、親子の絆が深まっていくと思います。

「管理しない子育て」を通して、親と子が対等な一対一の人間同士としての関係を築くことができれば、お互いに助け合ったとしても依存することなく、強い絆で結ばれながらもお互いに自立した大人同士として、理想的な関係を維持していくことができます。

反抗期に入ると、素直に親の言うことを聞いてくれない子どもに困り果ててしまうことが出てくるかもしれません。親の目が届かない場所へ行くことが増え、接する時間が減り、たまに顔を合わせてもまともな会話がないなど、どうしたらよいのか頭を悩ませた親から、切羽詰まった表情で「先生からなんとか言ってもらえませんか?」と相談されることもあります。

ただ、表面上は親の言うことに耳を貸さなくなってしまったように見えても、これまでの子育てによって子どもの「器」はきちんとつくられています。子どもは親から離れて自立していく準備として、その中身にどんなものを取り入れるかを考えながら、独自の価値観を形成している最中なのです。

親子の絆というのは無意識のレベルで固く結ばれていて、簡単には切り離されないものです。顔を合わせる時間が減ったとか、会話の回数が減ったとかいったことに左右されるようなものではありません。子どもが自立していく過程で、子どもの言動に手を焼くことがあったとしても、一貫してわが子を信頼している状態で接していくべきなのです。

本書を通じて、子どもを自分が育ててきた対象と捉えるのではなく、一人の人間として対等に見ることができるようになることを切に願っております。

おわりに

30年も塾の講師をしていると、昔の教え子から連絡が来ることがあります。かつて一緒に塾に通っていた仲間で集まった際などに、私のことを思い出して「先生も来てください」と声をかけてくれるのです。

時には、すっかり頼もしい大人に成長した面々と一緒にお酒を飲むこともあります。その際は、お酒の力も手伝って昔話に花が咲きます。本文でも述べましたが、何百時間もの授業の時間をともに過ごしてきたにもかかわらず、私が教えた授業の内容が話題にのぼることはほとんどありません。そこで、自分のほうから、

「英語の授業で関係代名詞をやったときに、めちゃくちゃ工夫した例を挙げて教えていたんだけど、覚えてる？」

と話を振っても、

「えー、関係代名詞って、先生から習ったんだっけ……？」

などという言葉が返ってきます。

練りに練った渾身の授業内容がすっかり忘れ去られているのはショックですが、その一方で、こちらがすっかり忘れていたような何気ない一言が、生徒のモチベーションを上げるきっかけになっていたり、進路を決める指針になっていたりすることに驚かされます。

そんなとき、教育というのは「無意識」で行われるものなのだということを、心底実感させられます。意識して指導したことは、なかなか子どもたちに響きません。特に教科の内容に関してはそもそも自分で勉強できるものです。意識的に伝えたとしてもあっという間に忘却の彼方に消えてしまいます。一方で自分の価値観や人生観をベースにした無意識の言動は生徒に強い影響を与えます。つまり先生という仕事は「子どもたちに何をしてあげるのか」ではなく「子どもたちに対して自分はどうあるべきか」を見せることではないかと感じています。これは無意識の影響を強く受ける部分です。

それは塾での指導に限らず、家庭でも同じことがいえます。親が意識的に頭で考えたような説教は、その場では一時的に効果を発揮したとしても、長い目で見ると、子どもにほとんど影響を及ぼしません。むしろ、ふとした瞬間に何気なく口からこぼれた本音のほうが、長く子どもの心に残っていたりするものです。ですから、大人は自分の無意識の大きさやパワーを自覚し、その無意識を鍛えていくということを考えなければならないのです。言い換えると「自分はどうあるべきか」を真剣に考え、自身の価値観をアップデートしていくことが、大人がすべき最も重要なことだと思います。そのための学びをし続けることができれば、本書で繰り返し述べたように、子どもの自立を自然に促すことは簡単にできるでしょう。

この本を書くにあたっていちばん伝えたかったのは、「『子どもを管理すること』を根本から変える勇気をもっていただきたい」ということです。子どもを管理するのではなく、子どもとともに成長するという発想をもち、子育てのノウハウを手軽に得ようとするのではなく、自身でノウハウを創出できるように努力する。その結果、子育てはとても楽しいものになるはずです。十牛図の例のようにそもそも「子育てという概念」自体がなくなるかもしれません。

30年にわたって接してきた4000組以上の家庭の中には、本書で紹介したような「管理しない子育て」によって理想的な親子関係を築いている家庭もあれば、「管理する子育て」の悪循環に陥って親子共々疲弊している家庭もありました。私個人の肌感覚としては、子育てがつらそうに見える家庭のほうが多かったように思います。

私の経営する塾「クセジュ」では、一人でも多くの方に子育てを楽しんでいただきたいという思いから、保護者を対象にした勉強会も積極的に開催しています。子育てを楽しむために、子育ての引き出しを増やしてもらうためです。

以前は、「子どものモチベーションを上げる3つの方法」というような、ノウハウをお伝えするようなお題で講演をしていたこともありました。しかし、参加した方から出てきたのは、「その場では分かったような気がしたのですが、いざ実践しようとするとうまくいきませんでした」という声でした。私自身子育てに対する大人の安易なノウハウ探しの手助けをしてしまっていたのです。そのような経験も踏まえて執筆したのが本書です。

「クセジュ」という塾名の由来は、フランスの哲学者モンテーニュが『随想録　エセー』の中で残した〝Que sais-je?〟という言葉です。それは「私は何を知っているのか？」という問いかけであり、自分の無知を自覚し、至らなさを意識することからまず出発するという、勉学を志すものにとって忘れてはならない姿勢を示すものです。そして、いつまでも謙虚に学び続けてもらいたいという願いも込められております。

私は大学在学中にこのクセジュという塾に出会い、創業者の管野の薫陶を受け、教科を超えた学びの本質に触れ、多くの生徒や保護者との出会いを経て今日に至ります。そのような出会いが私に対して「教育の本質」を深く考える機会を数多く与えてくれました。とても有り難いことであると深く感謝している次第であります。

子育てに行き詰まりを感じている方が、この本によって考え方が大きく変わり、子育てを心から楽しんでいただけたら、こんなにうれしいことはありません。

株式会社クセジュ代表取締役　塾クセジュ最高顧問　鈴木久夫

鈴木久夫（すずき　ひさお）

株式会社クセジュ代表取締役。塾クセジュ最高顧問。東京理科大学在学中より、塾クセジュの講師として活躍する中で、創業者である菅野淳一の教育理念に感銘を受ける。大学卒業時に大手企業の内定を辞退し、株式会社クセジュに入社。講師として約30年間にわたり教鞭をとる。２０１１年より、菅野氏とともに共同代表となり、２０１６年より代表取締役に就任。２０２１年に代表を退任後は最高顧問を務める。プライベートでは三児の父親でもある。

本書についての
ご意見・ご感想はコチラ

子どもを自立させる　管理しない子育て

二〇二二年一月二八日　第一刷発行

著　者　鈴木久夫
発行人　久保田貴幸
発行元　株式会社　幻冬舎メディアコンサルティング
〒一五一-〇〇五一　東京都渋谷区千駄ヶ谷四-九-七
電話　〇三-五四一一-六四四〇（編集）
発売元　株式会社　幻冬舎
〒一五一-〇〇五一　東京都渋谷区千駄ヶ谷四-九-七
電話　〇三-五四一一-六二二二（営業）
印刷・製本　中央精版印刷株式会社
装　丁　秋庭祐貴

検印廃止

Printed in Japan　ISBN 978-4-344-93702-4 C0037
幻冬舎メディアコンサルティングHP　http://www.gentosha-mc.com/